2016年度国家社科基金重大项目"孔子学院跨文化传播与管理研究"资助（项目号：16ZDA221）

『孔子学院故事系列』

文化传播使者

孔子学院院长故事

安然 刘程 主编

华南理工大学出版社
·广州·

图书在版编目（CIP）数据

文化传播使者：孔子学院院长故事/安然，刘程主编. —广州：华南理工大学出版社，2017.11
（孔子学院故事系列）
ISBN 978-7-5623-5415-4

Ⅰ.①文… Ⅱ.①安… ②刘… Ⅲ.①汉语-对外汉语教学-院长-生平事迹-世界 Ⅳ.①K815.46

中国版本图书馆CIP数据核字（2017）第238140号

文化传播使者：孔子学院院长故事
安　然　刘　程　主编

出版人：	卢家明
出版发行：	华南理工大学出版社
	（广州五山华南理工大学17号楼，邮编510640）
	http：//www.scutpress.com.cn　E-mail：scutc13@scut.edu.cn
	营销部电话：020-87113487　87111048（传真）
策划编辑：	吴翠微
责任编辑：	陈　蓉
印刷者：	广州市穗源印刷厂
开　本：	787mm×960mm　1/16　印张：10.25　字数：174千
版　次：	2017年11月第1版　2017年11月第1次印刷
印　数：	1～2000册
定　价：	46.00元

版权所有　盗版必究　　印装差错　负责调换

总　序

　　截至2016年底，孔子学院总部/国家汉办已在140个国家建立了513所孔子学院和1073个孔子课堂，各类学员达210万人，各类文化活动受众1300万人，成为中外文明交流互鉴的"架桥人"和世界认识中国、中国与各国深化友谊和合作的重要窗口。作为中外合作共建的非营利性教育机构，世界各国各地区的孔子学院结合所在大学或机构的发展战略，因地制宜，开展丰富多彩的汉语教学和中国文化活动，办学规模日益扩大，办学质量逐步提升，办学特色日趋明显，成为迄今为止"中国最好最妙的出口产品"，受到世界各国各地民众的普遍欢迎，汉语教师和汉语教师志愿者也被外国友人亲切地称为"民间大使"。孔子学院不但是各国民众学习汉语、了解中国文化、理解当代中国的重要场所，也是中国、中国人、中国文化与社会走向世界、与世界对话交流的综合平台，孔子学院的公共外交功用将愈发凸显。

　　华南理工大学分别和英国兰卡斯特大学，美国爱达荷大学，德国奥迪集团、英戈尔施塔特市政府、英戈尔施塔特工业技术大学合作共建了3所孔子学院。华南理工大学－英国兰卡斯特大学孔子学院成立于2011年，开设汉语辅修专业，汉语与中国文化学分课程和非学分课程。通用汉语课程和商务汉语课程为语言类学分课程，大学9个本科专业和1个硕士专业已经将汉语纳入其课程计划，"中国文化与社会"是全校本科选修学分课程，下设2个孔子课堂，在Blackpool（黑池）中文学校设立了1个教学点。2015年，该孔子学院参赛选手康可同学获得第十四届"汉语桥"世界大学生中文比赛亚军，并在2015年英国孔子学院/孔子课堂年会开幕仪式上为习近平主席朗诵诗词《念奴娇·追思焦裕禄》。华南理工大学－美国爱达荷大学孔子学院成立于2013年，面向全校在校学生开设汉语、中国武术和中国地理文化学分课程。为所在大学教职员工开设汉语非学分课程，并将汉语课程和中国文化活动延伸到当地中小学校、社区、企业等，并设有5个教学点。该孔子学院正在筹建爱达荷州历史上第一个中文专业。2015年9—11月举办的"中国花灯展"吸引了约60 000名游客观赏。华南理工大学－德国奥迪英戈尔施塔特孔子学院于 2016 年 6 月在北京孔子学院总部/国家汉办举行签字仪式,这是全球第一所由著名跨国企业参与投资建设的孔子学院,开启了创办孔子学院的新模式。该孔子学院已开设汉语学分课程和社区汉语课程。

2014 年,华南理工大学获批广东省人文社科国际创新平台"公共外交与跨文化传播研究基地"。作为广东省第一家公共外交研究机构,基地主要关注孔子学院、公共外交、来华留学教育管理等方面的研究,致力于通过科学研究、人才培养和社会服务来满足国家发展对公共外交与跨文化传播能力的需求。基地的研究人员来自中国、美国、英国、澳大利亚、瑞典等,学术背景涵盖传播学、社会学、教育学、语言学、文学和管理学等,在相关领域积淀了丰厚的研究成果。基地的孔子学院研究团队从 2008 年开始就致力于孔子学院研究,2010 年起至今发表孔子学院研究论文 20 余篇。已出版孔子学院研究专著 3 部,其中专著《孔子学院传播研究》为国内外第一部孔子学院传播研究专著;《孔子学院中方人员跨文化适应能力研究》对西方跨文化适应理论进行了延伸和拓展,从个体生活适应能力、组织内沟通协调能力、对外语言教学能力等三个维度建构孔子学院中方人员跨文化适应能力模型;《孔子学院跨文化传播影响力研究》从阴阳视角对孔子学院跨文化传播影响力进行了理论阐述,并从自我和他者形象出发,建构孔子学院跨文化传播影响力维度及测量指标。团队还获批 2016 年度国家社科基金重大项目"孔子学院跨文化传播与管理研究",这是孔子学院研究的最高级别项目,也是孔子学院研究的重大突破,研究成果势必受到国内外相关学者们的高度关注。我们还承担国家社科一般基金项目 2 个,分别是笔者 2012 年度的"孔子学院跨文化传播影响力研究"(国家社科基金第一次资助孔子学院研究,已结项)、刘程教授 2015 年度的"西方主流媒体关于孔子学院负面报道的新闻话语研究"。与此同时,我们承担了教育部规划基金项目 1 个,即"孔子学院中方教师的跨文化适应和传播能力研究"。笔者指导的泰国籍留学生 Thoranit Lilasetthakul(中文名:林德成)的硕士论文《赴泰汉语志愿者跨文化适应研究》获 2011 年度"广东省优秀硕士学位论文"。

本丛书之一的《问答孔子学院》是国内外第一部有关孔子学院的科普

性书籍，是华南理工大学刘程教授根据自己多年在孔子学院一线工作的经历和经验，以包括他自己在内的团队的孔子学院研究为基础，辅以教学心得和日常孔子学院工作的体会写就的，非常必要，也非常及时，应时应景。这本书采用一问一答的形式，回答了海内外民众、媒体和学界非常关心的一些问题，如孔子学院的基本构成、海内外机构承办孔子学院的动因及其各自的职能、孔子学院的运作机制、孔子学院的分布、孔子学院的类型、海内外对孔子学院的批评、孔子学院的公共外交功用等等，也为孔子学院发展提出了一些有针对性的建议。该书内容活泼轻巧，语言幽默风趣、言简意赅，层次分明，逻辑清晰，不"自说自话"，与读者的互动性强。既有亲历的故事，又有理论的支撑；既不回避尖锐的问题，又能把问题阐释得简单明了，令人信服。

本丛书中的《文化传播使者：孔子学院教师故事》《文化传播使者：孔子学院院长故事》展示了孔子学院汉语教师、汉语教师志愿者、中外方院长的风采，在国内外也属首次。书中的故事都是汉语教师、汉语教师志愿者、中外方院长亲身经历的，可读性非常强，趣味性也高，同时充满异域风情。每个故事均配有高质量的图片，增加了视觉效果和趣味性。书中有关孔子学院的材料，可作为后续孔子学院研究的素材，也可作为汉语国际教育与传播的参考；有关跨文化适应与传播方面的素材，对跨文化传播和管理研究有一定的助益。因此，这两本书具有较高的研究史料价值。

我始终认为，从事公共外交与跨文化传播工作，既要"上得厅堂"，也要"下得厨房"，既要"阳春白雪"，也要"下里巴人"。"孔子学院故事"系列书很好地实践了"跨文化传播"和"公共外交"的理念，为向海内外民众说明一个真实的孔子学院做了很好的尝试和努力。对于想了解孔子学院基本情况的读者来说，系列书非常值得一读，我乐于向大家推荐。

国家社科基金重大项目"孔子学院跨文化传播与管理研究"首席专家
广东省公共外交与跨文化传播研究基地主任　　　　　　　安然

2017年2月28日

目 录

我与英国老太太的情缘　方丽　/ 1

孟游记："孟"见孟加拉国　郭磊　/ 7

一个门外汉的孔子学院生涯　韩圣龙　/ 10

用行动讲述公共外交故事　李期铿　/ 18

在摸索中前行　廖爱华　/ 27

丝路明珠　文化使者　廖冬梅　/ 34

初见英伦　刘程　/ 43

立足传统文化　诠释当代中国　马磊　/ 46

汉教路上　马艳　/ 50

英国孔子学院学员在创意绘画中展现的中国元素　隋刚　/ 54

中方院长是什么？　孙倩　/ 60

中巴民间外交的重要名片
　　——记里约热内卢天主教大学孔子学院　乔建珍　/ 64

那两年 孙维霞　　/ 78

中华文化海外传　诗情画意写人生 王丽虹　　/ 87

世界为我打开了两扇窗 吴小燕　　/ 90

不忘初心　砥砺前行
——记美国肯塔基大学孔子学院美方院长修华静博士
余丽娜　戴婕　潘婷婷　杨增祥　　/ 107

选择　挑战　担当 薛荷仙　　/ 123

从你的全世界路过 张凤春　　/ 131

"双龙"文化的交汇 张丽英　　/ 140

孟加拉湾的印记 周铭东　　/ 150

我与英国老太太的情缘

方丽

重庆师范大学外国语学院教授。2013年至今,担任英国知山大学孔子学院中方院长。

花园情缘

英国社会人类学家福克斯（Kate Fox）在《观看英国人》（*Watching the English*）一书中,幽默诙谐地对英国人的生活习性、饮食习惯等方方面面进行了细致的分析和描述,书名的副标题为"英国人行为处事的潜规则"。书中专门有一章谈英国人的花园。福克斯发现,英国人的前花园整洁、漂亮、精致,是作为英国人的门面展示给邻居和路人的。英国人一般不串门,前花园则成了邻居们聊天的便利场所。一个有趣的现象是,如果有事需要找邻居,英国人一般不会去敲邻居的门,而是瞅准邻居在花园里干活的时机,赶紧冲出去交谈。英国人的后花园不像前花园那么讲究,大多铺上草坪或种上一两棵树,外围一般都修建了高高的篱笆墙,从外面几乎看不到里面,它属于主人的隐秘空间。有些后花园也摆上桌椅,主人家有时也在后花园喝茶聊天,接待客人。

知山大学坐落于西兰开夏郡一个叫作奥姆斯柯克（Ormskirk）的小镇。从校园到镇上,大约有1英里（约为1.6公里）的路程,路的两边是一排排典型的英格兰西北部建筑——两层楼的红砖房。有独栋的,也有两家或三家房屋连着一起的,一般前后有小花园,并不是所有的花园都像福克斯描绘的那般漂亮。

每次回家的路上,我总是饶有兴致地观望这一排排民居前面的花园。

我看到的花园大多平淡无奇，只是种了一些灌木，一两棵树，偶尔种了四五种时令的花草。有些人家懒得打理，就干脆铺上小石子或打上水泥路面，以免杂草丛生。但唯有一个花园总是引起我驻足观赏，这个花园不大，但花的种类特别多，我只叫得出极少的几种花名：雏菊、玫瑰、绣球花、勿忘我……花园几乎一年四季都有鲜花盛开，每次路过，它总会给我带来惊喜。

英国奥姆斯柯克小镇民居

记得那是2015年春日的一个傍晚，天气晴朗，暖洋洋的太阳还高高地挂在天上。像往常一样，在回家的路上，我再一次路过这个美丽的花园，但和平常不一样的是，我看到花园里面有位老太太在清理杂草。我兴奋地停下脚步，向老太太说道："您的花园真漂亮！"她抬起头来，开心地笑了。老太太放下手中的铲子，跟我寒暄了几句，然后热情地邀我去参观她的后花园。后花园果真如我想象的一样，不但花的种类繁多，而且花园布置得非常巧妙别致。花园的中心有一个漂亮的小池塘，池塘里还种了一棵树。老太太告诉我，这个池塘是40多年前他们刚搬到这里不久她老伴修的。在我临走的时候，老太太还随手在花园里摘了一种英国人制作甜点时常用的英国大黄菜给我，并详细地给我介绍了烹饪的方法。

从此，一来二往，我们渐渐地熟悉起来。每隔一两个星期，在回家的路上，我都要顺道去她家坐坐。她每次见我都非常高兴，总是兴奋地把我引进屋里。我俩会拉家常，通常是一两个小时。老太太叫贝蒂，她告诉我，她和老伴结婚没多久就搬进这栋两层楼的红砖房，一直住到现在。贝蒂有四个女儿，一个儿子。儿子在伦敦附近工作，一个女儿在约克郡成了家，另两个女儿住在附近，一个是中学教师，刚退休，另一个在我所在的知山大学图书馆工作。知道我来自中国，贝蒂把家里收藏的中国瓷器一一展示给我看。同时，她也给我介绍收藏的英国传统瓷器，有皇家品牌韦奇伍德（Wedgewood），淡蓝色的胚体，汉白玉的花纹造型，很是精致，让我长了不少见识。当然，我会给她讲述中国的故事，我的父母那代人的过去和现在，以及我的儿子，中国唯一的一代独生子女的故事。

2015年9月孔子学院举办"孔子学院日"庆祝活动现场

2015年9月29日，孔子学院庆祝全球第二个"孔子学院日"。国家汉办派出了专业演出团到知山大学演出。我专程到她家，送去演出宣传册，邀请她去观看演出。

演出当天，她在女儿的陪同下，早早地来到了剧院，我只和她寒暄了几句，就忙着接待嘉宾和组织演出去了。过了两周，我顺道去看望她，她一开门就用汉语问候我："你好吗？"我感到特别的惊讶，一问才知道，演出当天，我们孔子学院在剧院外面组织了各种中国文化活动，其中有一个是"学习汉语"工作坊。贝蒂在工作坊学会了简单的问候语，并带回了我们孔子学院开发的"9句汉语日常用语"卡片，上面有9句最基本的日常用语，如"你好！""你好吗？""对不起！""谢谢！"等。这些卡片是专为初学汉语的人开发的，标注了汉字、拼音以及英语、英语读音，非常容易上手，能够激发初学者学习汉语的积极性。难怪贝蒂能够轻松地跟我用汉语打招呼。从那以后，我们见面的寒暄语变成了汉语。

不幸的是，与贝蒂成为好朋友不到一年，她就因身患绝症而离开了人世。她在大学图书馆工作的女儿，专程到我办公室邀请我去参加她的葬礼。穿着黑色的西服，戴着贝蒂送给我的新年礼物，一条粉色的围巾，我参加了贝蒂的葬礼。葬礼很简朴，有亲人离别的悲伤，更多的却是儿女和外孙们对贝蒂欢乐往事的美好回忆，不时还有亲朋好友的笑声，这是贝蒂所愿意看到的，她希望把欢乐和美好留下。在参加葬礼的亲朋好友中，我是唯一的一位中国人。贝蒂的四个女儿、一个儿子，除了大女儿和二女儿我见过以外，其余三个我都是第一次见面。他们看见我，感觉一点也不陌生，就像见到老朋友似的，因为贝蒂在儿女面前经常谈到她有一个来自中国的好朋友，一个在知山大学孔子学院传播中国文化的中国人。葬礼结束时，几个女儿走到我身边，特别表达了对我的感谢，她们为母亲在有生之年有我这样的一位好朋友而倍感欣慰。

火车情缘

英国人比较内敛，一般不会轻易和路人搭讪。无论是在公共汽车上还是在地铁上，他们大多是在阅读小说或看报纸。记得是2015年初夏的一个周末，我和知山大学孔子学院的老师们一起到附

知山大学孔子学院开发的"9句汉语日常用语"卡片

近的一个海边小镇西科比游玩，在回程的火车上，一位老太太突然走到我们身边，对坐在火车过道上我的同事说了一句什么，当时坐在我对面的同事愣了一下，我立即反应过来，她是在用中文问我们："你们会说普通话吗？"我赶紧回答："会的，会的！"于是，我们就交谈起来。老太太告诉我们，她叫玛格丽特（Margaret），在当地的中国武术馆学习太极，因此也学会了几句中文，她下一站马上要下车了，匆忙之下，我给她留下了我的名片，让她有时间跟我联系。

果然，不到两周，玛格丽特就打来了电话，想跟我一聚。刚好我们孔子学院要举行一个"我的中国之行"分享会的文化活动，我就特意约定那天和她见面，并邀请她参加我们的活动。自那次活动之后，玛格丽特就成了我们孔子学院的"座上宾"。孔子学院举办的春节庙会、中国日等文化活动，总是少不了她的身影。她不但对我们的活动感兴趣，还积极地为其他来宾服务，俨然我们孔子学院的"外交大使"。

2017年孔子学院春节庆祝活动现场

玛格丽特不但是我们孔子学院的"外交大使",而且也是中国武术的宣传员。她最大的爱好就是练习太极。她在当地的武术馆学习太极已经有两个年头了,每周去上两次课,即使刮风下雨也从不间断。她学习太极的武术馆计划在2016年夏天举行一个国际武术比赛,需要募集举办比赛的经费,玛格丽特听说以后,毅然作出了一个决定,通过"徒步募捐"的方式,为武术比赛筹集经费。经过长达6个月的"徒步募捐"方式,她为武术馆募集了967.30英镑,这真的让我很感动。

几乎每个月,我和玛格丽特都会相约去附近的海滩徒步,或在利物浦市(Liverpool)小聚。每次与她见面,她都会非常用心地为我准备一些小礼物,有当地的地图、小镇风光明信片、钥匙链等。她还非常暖心地将我给她的名片复制,用各色彩带装饰,制成精美的书签送给我。当然,每次从中国休假回来,我也会特意给她准备中国特色的小礼物,见到礼物她都问我:"你确认是给我的吗?"待我确认几遍之后,她会非常兴奋地接过礼物,高兴得像小孩似的。我们在一起的时候,她会唠家常,给我讲她小时候的故事。玛格丽特的父亲是一位普通的农民,母亲是家庭妇女,一直在家操持家务,抚养她和她的三个姐姐及三个哥哥长大成人。小时候家里并不富裕,她妈妈自己做衣服,家里的女孩也会帮妈妈为在外干活的爸爸及哥哥们熨衣服、做饭等,这使玛格丽特养成了勤俭持家的好习惯。

去年夏天,我的家人到英国度假,我们特意去拜访她,她专门为我们做向导,一起游览了我和她经常去的美丽的海边小岛希尔比(Hilbre Island)。那天天气晴朗,风和日丽,大家的兴致很高,玛格丽特为我们展示了她的太极拳绝活,我们全家人也在岛上一展歌喉,唱起了中国民歌,小岛上洋溢着我们的欢歌笑语,其他游客也兴致勃勃地驻足观赏。

2017年1月从国内休假回来,我特意为她准备了传统的中国年历,年历上既有阳历、农历,还有二十四个节气、黄历及中国民俗的详细标注。我们相约在利物浦图书馆见面。一见面,我就把中国年历送给了她,并给她详细地介绍了中国年历的特点，二十四个节气等相关知识，她非常感兴趣，认真地一一记在她随身携带的一个小笔记本上。当然，不出所料，她总是会给我准备一些礼物。让我惊讶的是，她把去年夏天我们全家和她一起游览小岛的照片打印出来，制作成几本相册，让我带回中国，转送给我的家人。同时，她非常热情地带我参观了利物浦图书馆中最古老的圆形藏书阁，并专门给我介绍了图书馆里的中国藏书，让我长了不少见识。就是这次与玛格丽特在利物浦图书馆的聚会，使我产生了了解利物浦图书馆中国藏书与中国的贸易往来、利物浦与上海的贸易往来为

打太极拳的玛格丽特

两国人民的文化交流带来了什么样的影响等课题的兴趣，这也因此成了我们孔子学院计划进行的文化研究课题。相遇创造奇迹，相遇创造机会。

通过玛格丽特，我得以了解英国普通民众的生活。玛格丽特也透过我这面镜子，了解中国的过去、现在及未来。文化可大可小，大到城市、地区、国家、古籍、艺术、音乐；小到一种生活方式、一个人的怀旧、美食、约会。也许，在英国的某个花园中，某趟火车上，与成千上万个"贝蒂""玛格丽特"结下的情缘，让中国的概念不仅来自于孔子学院红红火火的中国文化活动，更来自于在某个初秋的夜晚喝过茶、在某个夏天的海滩散过步的中国朋友。

润物细无声，我喜欢。

孟游记："孟"见孟加拉国

郭磊

云南大学大学外语教学部讲师。2016年至今，担任孟加拉国南北大学孔子学院中方院长。

人生如初见

2016年1月15日，我首次感受到来自孟加拉国的热浪。初来乍到，中国驻孟加拉大使馆文化处的领导对我们关怀备至，在生活和工作方面给予了很多的建议和意见，让我深切体会到来自祖国的温暖。虽过去一年有余，但当时的场景犹如昨日历历在目。

到之前，我对孟加拉国有了一个初步的了解。孟加拉国是一个源远流长的古国，拥有丰富灿烂的文化，其文学、建筑、服饰、饮食等让这个国家越来越生机勃勃。中国与孟加拉国的文化交流自古有之，唐朝玄奘西行取经，就曾访学孟加拉国。尽管孟加拉国的地域、环境、文化等因素与中国有相似的历史承载，但是也有巨大的差异。

到之后，我对孟加拉国的了解慢慢加深。因为是第一次接触这份工作，所以初期孔子学院工作的开展算是摸着石头过河。我从本科到博士攻读的一直都是英语文学，很多人会质疑，英语专业的我能否做好推广汉语和传播中国文化的工作？为此，一有闲暇时间我便翻阅中文相关书籍，了解有关推广汉语及传播中国文化的知识。其实，文史哲不分家，古今中外概莫能外，很多知识和文化都是相互融会贯通的。学生时代，我对中国文化就很感兴趣，对四书五经都有涉猎。在孟加拉国，教育界广泛使用的是英语，而我又是英语专业出身，这为我工作的开展提供了很大的便利。

汉语桥2016年孟加拉国大学生夏令营合影

任重而道远

作为南北大学孔子学院的中方院长，我必须肩负起院长的责任和使命。不但要通透地领会和践行中国驻孟加拉国大使馆、孔子学院总部/国家汉办和云南大学对学院发展提出的建议和指导，而且要把

2016年3月19日，孟加拉南北大学孔子学院举办"中国日"，中方院长郭磊讲解

这些思想渗透到孔子学院、老师和学生的具体工作中。学院的发展还必须遵守孟加拉国的法律，尊重当地习俗，要处理好与外方的关系，并与他们共同商讨制定学院的发展规划和规章制度。

为了让孔子学院有更好的发展，为学生提供更好的汉语学习环境，我更加严格地要求老师，力求工作精益求精。孔子学院推广汉语，传播中国文化，不单单是教授汉语，更多的是要让学生了解中国文化，从而进一步理解汉语的内涵及中国文化的底蕴，以便更好地认识中国这个神秘而富有魅力的东方古国。因而我要求老师们不但要多读书，理解中国文化，完善个人的知识体系，而且要提高自身的英语水平，这样才能更好地教授汉语。

在老师们的共同努力下，南北大学孔子学院目前发展了5个教学点。

根据孔子学院总部/国家汉办的相关指示要求，孔子学院要稳中求进，不能一味地追求传播的广泛度，忽略传播的质量和成效。我在工作中时刻叮嘱每个教学点的老师，要一步一个脚印，打牢基础，才能走得稳走得远，让汉语深入每个孟加拉人的心中。

2016年4月9日，南北大学孔子学院与伊斯拉姆大学就汉语教学合作项目举行签约仪式

上下而求索

曾有人问起，是什么原因让我选择了孟加拉国？我相信是机缘，是我和孟加拉国的缘分，更是我和孔子学院的缘分。

在这曾经的佛国，我有了更多的思考。我们如何才能在这个不算发达的国家推广汉语和中国文化？这不仅需要我个人的努力，更需要大家的齐心协力。让孟加拉国的汉语学习者通过精彩有趣的汉语课、丰富多彩的文化活动、诚善友爱的中国印象来画出他们心中的中国图画。

路漫漫其修远兮，吾将上下而求索。在孔子学院全体师生的共同努力下，我相信南北大学孔子学院未来的发展会更上一层楼！

孔子学院故事系列

一个门外汉的孔子学院生涯

韩圣龙

北京大学信息管理系副教授。2012—2015年担任泰国朱拉隆功大学孔子学院中方院长。

自泰国朱拉隆功大学孔子学院离任回国已经快两年,我的生活轨迹又回归北大。在泰国三年多的工作与生活还历历在目。

缘起

与孔子学院结缘于 2004 年。那一年,全球第一所孔子学院揭牌成立,国内媒体刮起了一阵孔子学院风。到国外去教外国人说中国话,让外国人体验中国文化,带外国人认识中国历史和当代中国的成就,成了很有吸引力的工作机会。那时的中国,经济飞速发展,人民安居乐业,强烈的民族自豪感让我有一种冲动:去孔子学院工作!但在那时,孔子学院数量不多,我也不是学对外汉语专业的,加上刚刚博士毕业留校的我工作任务很重,无暇持续关注,这股冲动只能压在心底。

时光飞逝,2011 年 5 月,北京大学官网上发布了招聘孔子学院中方院长的公告,被我压在心底的那股冲动让我毫不犹豫地报名应聘了。对我个人来说,时间刚刚好。留校 5 年后,我成功晋升为副教授,而要晋升为教授,得厚积薄发。任教近 9 年,一直忙忙碌碌的我也需要休整一下,能应聘孔子学院中方院长为国奉献也是极好的。那时想得比较简单,就这么决定了。

我应聘的时候,北大已经对外合作建立了 8 家孔子学院(日本早稻田大学孔子学院、日本立命馆大学孔子学院、泰国朱拉隆功大学孔子学院、德国柏林自由大学孔子学院、俄罗斯莫斯科大学孔子学院、西班牙格拉纳达大学孔子学院、英国专长学校联合会孔子学院和埃及开罗大学孔子学院），当时除了日本立命馆大学孔子学院，其他 7 家都在招聘中方院长。在这 7 所孔子学院当中，我选择了应聘泰国朱拉隆功大学孔子学院的中方院长。

说起来，我和泰国的缘分可以追溯到 2006 年。那时，我受时任泰国兰实大学中文商学院院长洪风先生的邀请，数次赴泰为兰实大学学生授课。自打第一次去泰国，我就喜欢上了这个美丽富饶、热情友善的东南亚国家。因此这次应聘的职位非朱拉隆功大学孔子学院中方院长莫属。

在经过了系领导审批，并分别通过了北京大学汉语国际推广工作办公室的面试、孔子学院总部/国家汉办的笔试和面试之后，2011 年八九月间，我在大连外国语大学接受了一个多月的岗前培训，并取得了培训证书。

赴任

2012 年 5 月，我接到孔子学院总部的派遣函，让我尽快办好手续，走马上任。2012 年 5 月 31 日，我启程赴曼谷任职，开始了我的孔子学院生涯。时任朱拉隆功大学孔子学院中方院长的北京大学外国语学院傅增有教授给我安排了住处，并立即带我进入工作状态。根据孔子学院总部的规定，我需要先实习一年，担任傅教授的院长助理。在我 3 年多的泰漂日子里，傅教授一直在工作中指导我，在生活上帮助我，是我的良师挚友。2013 年我实习期满，正式担任中方院长以后，傅教授还继续受聘于朱拉隆功大学，为孔子学院担任高级顾问，为我的工作出谋划策。

尽管如之前所说，我自 2006 年就开始来泰国讲课，但是那时每年只讲授一门课，每门课只来四次，每次只住两天，并且中间还因为我 2008—2009 年去美国做访问学者而中断过一年，因而我并没有连续地在泰国工作和生活过。我之前对泰国的印象是走马观花，每次来只接触有限的老师和学生们，而这次则需要住下来，深入泰国社会，两种体验截然不同。文化差异对我造成的影响虽不至于让我休克，但是也着实让我花了些时间适应。

首当其冲的是气候。泰国四季如夏，地处泰国中部的曼谷有热季、雨季和早季,白天最高气温始终在 30 摄氏度以上。我刚到的时候赶上了热季的尾巴,没几天就进入雨季,天天雷阵雨让我这个一直生活在中国北方的人 blue 了好一阵子。气温对我这个北方人来说是一个考验,室内空调足,很冷,是真的冷;而室外太阳足,很热,非常的热。刚到曼谷,一不小心就着凉。后来,我就进化出一种能力,西装革履打领带也可以在曼谷艳阳下气定神闲地行走,只不过兜里要揣着手绢,随时擦瀑布汗。

其次是语言。朱拉隆功大学是泰国最好的大学,从校长到工作人员都可以用英语交流,但是普通泰国人的英语就有些不知所云。泰语的发音习惯和特有的音调,让泰国人的英语有着浓重的口音,泰国口音的英语在头几个月着实让我吃了些苦头。于是我就开始向泰国同事学习泰语。在学习了泰语字母、音调和一些日常用语之后,也慢慢能够猜对和听懂泰国朋友们讲的英语了。

还有一个挑战是打招呼。泰国号称是微笑的国度,民众普遍信仰佛教,人们见面习惯双手合十,互致问候。最初合十礼仅为佛教徒之间的拜礼,后发展成全民性的见面礼,行合十礼时,一般是两掌相合,十指伸直,举至胸前,身子略下躬,头微微下低,口念"萨瓦蒂"。"萨瓦蒂"系梵语,原意为如意。遇到不同身份的人,行此礼的姿势也有所不同。例如,晚辈遇见长辈行礼时,要双手高举至前额,两掌相合后需举至脸部,两拇指靠近鼻尖,长辈还礼时,只需双手合十放在胸前即可。合十礼还有其他讲究,这里就不一一道来。刚刚赴任的我,这双手是总也抬不起、合不拢,遇到泰国同事和学生们向我行礼,我只会点头致意。后来下班以后回到宿舍对着镜子模仿泰国人的动作练习了好一阵,才算能够合十行礼了。那之后我欣喜地发现,泰国朋友们对我明显亲近了许多。

亚洲会

前面说,我刚一赴任,马上就在傅教授的带领下进入工作状态,接了一个大活儿。2012 年 6 月 2 日,孔子学院总部第一次决定把每年一次的亚洲孔子学院联席会议和大洋洲孔子学院联席会议放在一起开,由朱拉隆功大学孔子学院承办。当时有来自亚洲和大洋洲地区 31 个国家的 98 所孔子学院和孔子课堂,以及 11 所中国合作院校的 260 多名代表与会。傅教授让我负责所有场地的协调和布置工作。

大会开幕式场地、欢迎晚宴场地、分论坛会场、闭幕式场地、会议代表住宿酒店和文化考察地点等分散在曼谷各地。2012年6月1日休息了一天，6月2日我就开始在傅教授的带领下熟悉场地。场地熟悉以后，需要经常到各个场地、场地管理部门和负责场地布置的公司进行沟通和交流。几个场地之间都有一定的距离，加上室外气温高，本该坐

诗琳通公主在2012年亚洲和大洋洲地区
孔子学院联席会议开幕式上致辞

出租车在场地间奔波，但是由于我那时不会说泰语，也听不太懂泰式英语，在各个场地间转移我都用脚量。待到6月下旬联席会议开完，我生生把一双新皮鞋的底给磨破了，体重也从刚赴任时的93公斤降到87公斤。联席会议圆满成功，赴任第一项工作在我的参与和努力下顺利完成，无意中减了肥倒是个意外收获。无奈，后来运动量减少，体重又变回93公斤以上，减肥成果消耗殆尽，这是后话。

教学与HSK

亚洲会结束以后，傅教授开始系统地带我熟悉孔子学院的各项工作，教学工作是重点。为了让我尽快熟悉朱拉隆功大学的环境，尽可能多地认识大学各部门的领导和同事，傅教授安排我为朱拉隆功大学的教工开设汉语培训班，拓展人脉。事实证明，傅教授的这个安排为我后面的工作打下了坚实的基础，为我在具体工作中和大学各部门合作铺平了道路。

说到教汉语，我当时觉得，虽说我没经过专门的对外汉语教学训练，可怎么说我也是教了10年书的老教师，教外国人说中国话还不是小菜一碟么。等我开始教的时候才发现，其实并没有那么简单。泰语的发音和音调跟汉语普通话相比，有的地方差别很大，教起来很费劲。有些在普通话里有的音在泰语里没有，比如"西"；z/zh，s/sh，c/ch这三组音在泰语里区分不开，发音差不多，所以"老师"就变成了"老丝"；泰语有5个声调，跟普通话的四个声调不能对应，并且音高还有差别，等等。好在学生们英

语都还可以,加上我在学习泰语,课堂上经常三语齐飞,热闹异常。这个班的学生一直到我离任的时候还在坚持学习,当时已经有人参加并通过了HSK四级考试。

带领朱拉隆功大学教工汉语班学员到泰国素攀府龙的传人博物馆体验中国文化

2014年8月28日于大连召开的2014年汉语考试海外考点工作会议上朱拉隆功大学孔子学院获评全球"先进考点"

HSK考试是孔子学院工作的另外一个重点。HSK考试是检验汉语学习成果的重要手段,也是泰国学生申请赴华留学的必要条件。作为中方院长,工作的重要内容之一是吸引更多的汉语学习者来参加HSK考试。我赴任时,朱拉隆功大学孔子学院考点每年考生数量在1800人次左右。正式接任中方院长工作以后,我不遗余力地走访曼谷周边开设汉语课的公立学校和私立学校,努力开拓新的分考点,在我离任时,朱拉隆功大学孔子学院考点每年考生数量已经上升至4500人次,增长了150%。

院刊

《孔子学院》双语期刊是孔子学院总部主办的双月刊杂志,目前有11个语种。《孔子学院》中泰文版的编辑出版工作由朱拉隆功大学孔子学院承担。《孔子学院》中泰文版的选题、组稿、翻译、美术编辑、文稿审定、校对、印刷、出版和发行工作全部在曼谷完成。

来泰国之前我没办过杂志,来到以后,傅教授带着我从选题和组稿开始,从头学习。经过一年多的磨炼,2013年,我已经可以带领中泰文版院刊泰国编辑部与孔子学院总部院刊总编辑部、美术编辑、印刷和发行商等各方合作,共同完成院刊的整个工作流程。在院刊编

向泰国正大集团副董事长蔡绪锋博士
介绍《孔子学院》中泰文版

辑、出版发行工作中,我通过对院刊编辑工作流程拆解和分析,找出并剔除冗余工作环节,变串行工作环节为并行工作环节,对工作流程进行再造,优化了流程,提高了效率。2013年全年出版发行10期,把前前后后的出版发行进度成功地赶上来了。

在任时我还尝试与泰国王宫秘书厅、泰国议会、泰国皇家警察总署、泰国国家移民局、泰国国家旅游警察局、泰国正大集团和华为泰国公司等机构合作,增加《孔子学院》中泰文版的发行渠道,扩大发行范围,让更多泰国汉语学习者可以方便获取,从而更好地为泰国汉语学习者服务。

诗琳通中文图书馆

我在任时完成了一件让自己引以为豪的事,是在北京大学、朱拉隆功大学和孔子学院总部的共同支持下,建成了诗琳通中文图书馆。中文图书馆项目是傅增有教授倡议建立的,目的是建设一个泰国乃至东南亚的中文图书资料中心,为本地区的汉语学习者和中国学研究者提供服务。在我赴

任以前，傅教授已经成功从朱拉隆功大学争取到位于玛哈瓦棱拉乌楼三层的面积为380平方米的一块场地。我赴任以后，傅教授让我发挥我的专业优势，争取早日建成图书馆。

接受图书馆建设项目以后，我写信给北京大学主管外事的副校长李岩松博士和北京大学图书馆馆长朱强博士请求志愿藏书，李校长和朱馆长都对这个项目给予了大力支持。朱馆长对我说："北大昌平副本库的藏书，你随便选！"根据中文图书馆藏书建设的需要，在北京大学图书馆同事们的帮助下，很快选出了人文社科类图书15 000多种。随后，孔子学院总部特批了图书运输经费，并委托华图公司承运这批图书。2014年初，北大捐赠的图书顺利运抵朱拉隆功大学孔子学院。

在图书运输的同时，我和朱拉隆功大学图书馆及北京大学图书馆的馆员讨论，决定使用朱拉隆功大学图书馆的图书馆管理系统Sierra系统来处理这批中文图书。而北京大学CALIS中心也为朱拉隆功大学孔子学院开放了中文图书编目数据的共享使用权。朱拉隆功大学孔子学院老师们经过培训，可以熟练地对这批珍贵的图书进行编目、上架和提供借阅服务。

诗琳通公主为诗琳通中文图书馆揭牌

诗琳通公主为诗琳通中文图书馆题字

2015年1月7日，诗琳通中文图书馆揭牌，泰国诗琳通公主殿下亲临典礼现场，并挥毫题写"诗琳通中文图书馆"馆名赠予朱拉隆功大学孔子学院。随后，诗琳通中文图书馆向全泰汉语学习者开放，受到广泛好评。

象棋赛

朱拉隆功大学孔子学院还有一项重要工作，是向泰国民众传播中国文化。中国的传统节日庆祝和中文文化讲座与体验是常规项目。这里我要说的是一个比较特别的项目——"诗琳通公主杯"泰国青少年象棋公开赛。

2013年三四月间的一个平常的工作日，泰国实业家、泰国象棋总会会长陈思飞先生莅临我办公室。陈先生早在中泰建交的时候就到中国开发铝矿，与中国有着很深的渊源，陈先生本人还是泰国的中国象棋第一人。陈先生开门见山地说明来意，泰国象棋总会想和朱拉隆功大学孔子学院合作举办青少年象棋赛，并且想同朱拉隆功大学孔子学院一道向诗琳通公主办公室申请御准使用公主的名讳为比赛冠名。陈先生的提议和朱拉隆功大学孔子学院的工作内容不谋而合，我们当即确定了合作意向。经过每月一次的院务会讨论通过，这个项目很快确定下来。

首届"诗琳通公主杯"泰国青少年象棋公开赛现场

经过前期的密切合作和紧张的筹备，2013年10月18—20日，首届"诗琳通公主杯"泰国青少年象棋公开赛成功举行，108名6岁至24岁的泰国青少年棋手参加了比赛。至今，这个象棋比赛已经举办4届，成为朱拉隆功大学孔子学院的品牌项目。

离任

2015年8月31日，我结束在朱拉隆功大学孔子学院的工作，离任回国。三年多的孔子学院生涯带给了我太多的欢笑和回忆，也浸透着汗水和泪水，其中的酸甜苦辣难以在这里一一记述。在有限的生命中，能为中国语言和文化走出国门、走向世界贡献自己的一点绵薄之力，我感到无比荣耀。

孔子学院故事系列

用行动讲述公共外交故事

李期铿

北京外国语大学英语学院教授。2010—2015年担任美国夏威夷大学孔子学院中方院长，2015年至今，担任德国哥廷根大学孔子学院首任中方院长。

我在 2010 年 8 月至 2015 年 7 月任夏威夷大学孔子学院中方院长，2015 年 9 月至今任德国哥廷根大学孔子学院中方院长。由于自己的专业背景，我特别注重孔子学院的公共外交职能，在工作和生活中践行公共外交和公民外交，用行动讲述公共外交故事，曾根据自己的公共外交实践，在《光明日报》和《公共外交季刊》发表《孔子学院的公共外交使命》，并在拙作《春风吹又生——中美人文交流足迹》中专门阐述孔子学院在中美人文交流中的作用。2014 年 4 月 3 日，新华网以"一言一行做外交——一位孔子学院院长的公共外交之道"为题报道了我的孔子学院公共外交理念和实践。

现在主要从三个方面讲述我自己的公共外交故事。

捐出友谊

捐赠活动在西方国家，尤其在美国非常普遍。基督教文化注重感恩与奉献，英语有句谚语"You can't outgive God."意思是人捐献得再多，上帝给还的更多。而且，政府也出台了税收政策鼓励人民捐赠，从事公益活动的非营利和慈善机构运作也非常正规，比尔·盖茨和沃伦·巴菲特等是世界著名的慈善家。然而，中国文化更注重"肥水不流外人田"，慈善活动参与度与西方国家相比差距很大，生活在国外的中国人对公益慈善活动的热情也不高。参与捐献活动,不仅可以更好地融入当地文化生活,而且也可以展示中国人民乐于助人的美德。虽然一个人的力量是微薄的,但一次次的行动总会产生效果。以下是我捐赠的不完全记录:2010 年 11 月,我收到小孩就读的罗斯福高中发来的信件,寻求捐赠,我立即向该高中捐款 100 美元,后收到该校校长安妮·玛西以及学生代表签名的两封感谢信;2012 年 4 月,接到凯泽高中学生寻求捐款的电话,向该高中捐款 120 美元;2011—2012 年间,两次向"OneWorldNow!"(一个总部位于西雅图的国际语言推广机构)捐款 300 美元,该机构时任主席海顿女士亲自发来感谢信,在访问夏威夷时专门向本人表示感谢;2013 年 6 月和 2015 年 6 月,向亚太理事会(Pacific and Asian Affairs Council,简称 PAAC,一个促进夏威夷高中生国际化视野的机构)捐款 300 美元,得到亚太理事会的高度评价,亚太理事会时任执行主任 Jill Canfield 女士专程送来感谢信,并邀请我担任亚太理事会会员,在我离任之前特意送来告别礼

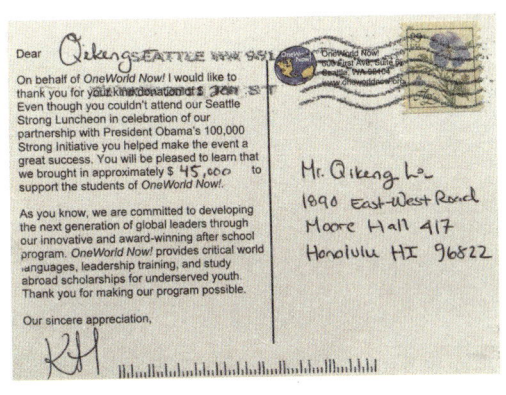

向 OneWorldNow! 捐款收到的感谢信

物;两次向夏威夷食物银行(Hawaii Food Bank,一个为贫困人员提供食品的机构)捐赠 200 美元;2017 年 1 月,向美国吉尔福德学院(Guilford College,2006—2007 年,我作为富布赖特驻校学者、客座教授在该校讲学 1 年)捐款 1000 美元,收到该校副校长 Ara Serjoie 的感谢信,她在邮件中说:"非常感谢你给大学忠诚基金的可爱礼物。读了你作为富布赖特学者在吉尔福德学院的愉快经历和难忘记忆,我非常高兴。如果你回到吉尔福德,请一定告诉我,我会很高兴与你见面。"在另一封邮件中,Serjoie 副校长写道:"你的'象征性感谢'意义重大,你与吉尔福德的同事建立了特别的联系。吉尔福德和你以前的同事们为你的慷慨大方和周到考虑深深感动。"此后我们也多次邮件联系。2017 年 6 月 29 日,我又向德语区汉语教师协会捐款 500 欧元。

这些个人的捐赠行为捐出的不仅仅是金钱,更是友谊。我的善举也得到积极的回应,极大地推动了孔子学院的事业。"OneWorldNow!"在 2012

年1月向夏威夷大学孔子学院推荐并资助一位成功的非裔美国汉语学习者成吉汉（Philmon Haile，曾在OneWorldNow! 的资助下到中国鞍山一所高中学习一年。他曾接受CNN专访，谈中文学习经历对其人生的影响。美国前第一夫人米歇尔·奥巴马在北京大学演讲中曾提到他作为"公民外交"使者的作用）到夏威夷中小学宣讲其学习汉语的经历以及学习汉语对其视野拓展及事业前景的帮助，受到当地4所学校约800名正在学习汉语的学生的热烈欢迎。亚太理事会通过其与夏威夷高中的联系，协助孔子学院组织学生参加"汉语桥"夏令营及组织"三巡"演出进入美国高中。2011年及2012年，夏威夷大学孔子学院分别得到当地华人团体和友好人士1500美元及8000美元捐款，用于在夏威夷中小学推广汉语教学及中国文化活动。另外还有一些机构及个人表示愿意向夏威夷大学孔子学院和中国研究中心提供奖学金。

跑出友情

跑步是一种健身方式，也是交友的一种有效途径。共同的爱好是跑者的黏合剂，跑者之间交流经验、互通信息、互相鼓励、互相学习、组队参赛，等等。跑者在一起，总是有说不完的话题，而跑者之间的友情没有利益，非常纯洁。跑步，没有国界。跑步传播的是正能量，是积极向上的精神，是持之以恒的品质，是不畏艰难的意志。跑步是我用行动讲述公共外交故事的重要方式。

夏威夷檀香山，空气清新，气候宜人，适合跑步的地点很多，如海边、山上、学校操场等，跑步的人也不少。跑步时碰到路人和其他跑者，我们都会互相招手、微笑、嗨一声，令人心情愉悦。一次在普纳荷学校（Punahou School，夏威夷最著名的私立学校之一，是两位总统——美国前总统奥巴马和孙中山先生的母校）的操场，我看到一些不同年龄、不同性别的人在训练，便走过去问他们自己是否可以与他们一起训练，他们说欢迎！这是一个自发组织的业余跑步小组，每周训练两次。此后，我常常跟这个小组一起训练，除了交流跑步经验之外，我也讲述"中国故事"，增进他们对中国的了解。一次训练，我们沿着盘山公路从山下跑到山顶，我第一个到达目的地，令他们刮目相看。他们强烈建议我去参加跑步比赛。此前我跑步主要为了健身，从没想过参加比赛，既然他们建议，为什么不试试呢？他们告诉我几个夏威夷跑步比赛的网址，2014年9月，我参加了"夏威夷跑者20公里"（Runner's HI 20K）比赛，这是我第一次报名参加跑步比赛。

一次在山上慢跑，一位身材较胖、拄着手杖徒步旅行的人跟我打招呼，我停下脚步和他一起边走边聊，他称赞我跑步姿势很好，看上去肌肉结实，没有多余的脂肪，问我是哪国人，并请教我怎么才能减除多余的脂肪。我向他介绍自己如何在3个月内体重减轻15磅的经验，并根据他的情况提了几点具体建议。他很感谢我，然后给我一张名片，让我给他写邮件。当天在办公室，我就给他写了邮件。后来我到德国工作，还收到他发来的邮件。

2011—2013年间，我所住楼房的房东先生也是一位体育爱好者，跑步、骑车、游泳样样行，我也常常去海边或泳池游泳。因此我们常在一起聊跑步、游泳，我也会常常跟他们介绍中国的情况。一次，他们紧张地告诉我，他们远在波兰的父母听说朝鲜威胁要攻击夏威夷，很担心他们的安全。我告诉他们根本不用担心，他们才放下心来。后来，我搬到离夏威夷大学更近的地方居住。一次在盘山公路上跑，听到后面有人叫我，回头一看，是房东先生在骑行，我们彼此招手，继续各自的锻炼。2015年，在一次从夏威夷北岸穿越山顶跑到南岸、全程20多公里的跑步活动中，我和房东先生又一次相逢，这种喜悦难以形容。他拿起手机，请人给我们合影，要回去给他太太和儿子看看我当时的样子。

2015年9月，我来到德国哥廷根大学孔子学院工作。到达哥廷根的当晚，我就开始查询跑步的场所，第二天就开始了跑步。近两年来，无论寒暑，无论风雪雨水，我几乎天天坚持跑步，平均每天10公里以上，足迹几乎踏遍了这个大学及其周围的每一条道路。哥廷根大学操场、集思湖边、哥廷根森林等是我经常跑步的地方。在集思湖边跑步，常与怡然自得的灰鹅、白天鹅和野鸭为伴，也偶遇过高大英俊的猎犬，享受人文与自然的双重恩赐。在大学操场和集思湖边，常常碰到熟悉的跑者或者以其他方式锻炼的人，他们认真地重复着一个个动作，自我要求非常严格。从他们身上我看到了德意志民族的严谨、自律、科学。与美国人不同，德国人专注于自己的锻炼，很少与陌生人打招呼，但我经常主动对他们微笑，说声"Hallo"。后来，我在操场和集思湖边跑步的时候，就经常有人给我鼓掌加油，对我说"Hallo"或"Tschüss"了。每天10多公里，一圈一圈的跑步，有人说，我是操场和湖边的一道人文风景。

在大雪覆盖的操场跑步

参加公益跑活动

2016年7月16日傍晚，我跑到集思湖边，看到湖边正在进行"反对奴隶制度"的公益跑步，这是哥廷根大学一栋学生宿舍楼组织的活动，目标是当天下午3小时之内环绕集思湖跑步100圈，每圈2.3公里，人数不限。了解到这一情况，我立即加入跑步人群，大家互相鼓励，不到3小时就完成了预定目标，我贡献了14圈。跑完之后，精疲力竭，没有力气跑回家，毕竟还有4.6公里的距离。本想叫一辆出租车，但又觉得太奢侈，所以决定走路回家。刚走不远，一辆行驶中的轿车慢慢停在我旁边，司机招呼我上车。原来，那位司机刚刚也参加了公益跑活动。我们一路上聊跑步，聊哥廷根，聊中国，很快就到家了，彼此留下了深刻印象。

哥廷根人口才12万多人，但到处都能看到跑者的身影，也有不少自发的跑步小组定期集体训练。有了在夏威夷的经验，我同样期待与更多的哥廷根跑步爱好者交流。在一家出售专业跑步装备的商店，我问店员哥廷根跑步小组的情况，店员给我写了几个跑步小组的训练地点和时间。最后，我决定加入一个每周二傍晚和周六上午训练的小组。这个小组训练的地点包括集思湖、市体育场、大学体育场等，与我的跑步地点有重叠之处，对我来说比较方便。第一天训练，我提前10分钟到达市体育场，逐个向跑步小组成员介绍自己，训练间隙也互相交流。这个跑步小组的成员大部分是德国人，也有来自意大利、苏丹等国的人，他们的跑步水平很高，包括几位女生在内，10公里成绩都在40分钟以内，有的在30分钟左右，好几个人跑过多次马拉松,成绩都在 3 小时以内,确实训练有素。我本以为自己 10 公里 43 分钟的成绩已经很不错了,但与他们比起来,差距还是太大。因为跟不上他们的训练节奏,3 次之后,我就没有参加他们的训练,但有时跑步会碰到他们。

首次参加马拉松,以 3 小时 24 分 49 秒完赛获得的奖牌,
达到波士顿马拉松比赛年龄组报名标准

参加马拉松是众多跑步爱好者的梦想或终极目标,跑完 42.195 公里的距离是对人身体和精神的双重考验。自 2014 年 9 月首次参加 20 公里比赛之后,我就把目标定在全程马拉松上。2016 年初,我自己感觉可以完成马拉松比赛了,由于哥廷根没有马拉松比赛,我只好选择哥廷根附近的汉诺威作为自己首次马拉松的赛地。2016 年 4 月 8 日,我来到汉诺威,体会到当地的跑步文化。在马拉松博览会上,我看到中国李宁牌运动服饰,心里一阵激动。此外,还有音乐表演、美食文化等。比赛项目也多种多样,包括团队马拉松接力、10 公里跑、半程马拉松、全程马拉松、10 公里健步走、轮椅马拉松、少儿跑,等等,这是一场大众参与又兼顾精英跑者的盛会,与其说是一场马拉松比赛,还不如说是一个全市人民的运动节日,活动的组织和公众的参与度值得国内马拉松比赛组织者借鉴。由于汉诺威马拉松不是德国五大马拉松之一,因此中国的参赛者寥寥无几,我也可以算是代表中国的一名参赛者。比赛途中,我与其他一些选手一样,与观众热情互动,与小孩击掌庆祝,与其他选手互相鼓励。最后,在 2200 多名全程马拉松选手中,我第 367 个冲过终点,在同性别年龄组中,排名 67,成绩大大好于预期。

跑完汉诺威马拉松之后，我一下子成了德国孔子学院圈子里的跑步明星。汉堡大学孔子学院德方执行院长康易清博士（Dr. Carsten Krause）也是一位马拉松爱好者，因为共同的爱好，我们每次见面，总是感觉交流的时间不够。他对中国佛教很感兴趣，2016年6月中旬，北京外国语大学一位教授到哥廷根大学孔子学院开讲座，题目是"中国佛教现状"，他应邀前来参加，我们的交流从体育延伸到宗教。我们两人还以孔子学院的名义一起参加了2017年4月23日的汉堡马拉松，并在赛前和赛后，穿上孔子学院的T恤衫，在出发点合影。

与康易清博士在汉堡马拉松比赛时合影

与丝绸之路跑者Markus先生合影

2017年1月13日，汉堡大学孔子学院主办"从汉堡到上海——跨越马拉松连接文化"中德对话活动，我应邀出席，分享了自己参加汉诺威马拉松的感想，介绍了正在中国兴起的马拉松和长跑热。期间，Kai Markus先生介绍了自己准备从汉堡跑到上海的"丝绸之路"跑步计划。就这一雄心壮志，我与Markus先生和其他人进行了认真的讨论和交流。

Markus先生在3月12日已经开始了征程，目前已经按计划到达了白俄罗斯，我们几乎天天在微信上互动。Markus先生的活动得到了一些赞助，他表示，到达目的地之后，会把多余的资金和一些设备捐献给中国儿童基金。我也打算等他到达中国之后，为他加油，如有可能，也准备陪他跑一些路段。

在这次对话活动中，我还与德国《跑步》杂志主编Jocken Schmitz先生交流过，他是一位马拉松资深跑者，参加过2016年上海国际马拉松，并拍下照片和视频，介绍给德国跑步爱好者。此外，我还认识了Till Teuber先生。他曾经到夏威夷参加过铁人三项比赛，也到过中国台湾参赛。由于有夏威夷和中国等共同点，我们聊了不少时间。作为业余选手，参加铁人三项和马拉松等赛事，是一笔比较大的经济开支。当我参加4月23日的汉堡马拉松时，他主动邀请我住到他家里，并一起去参加比赛。住在他家时，我给他以及他的家人讲述了一些中国故事。

在孔子学院工作期间，我每次出差或自费旅游，都会带上跑步装备，在每个地方都留下跑步的脚印，留下我对那个地方的记忆，留下我对当地人的微笑、招手和感恩。近7年来，除了檀香山和哥廷根之外，美国和欧洲许多城市都有我跑步的足迹，包括华盛顿、波士顿、亚特兰大、旧金山、洛杉矶、柏林、法兰克福、杜伊斯堡、布达佩斯、维也纳、巴黎、纽伦堡、埃尔夫特、萨尔兹堡等。跑步是我生活的一部分，也是我讲述中国故事的一种方式。

在夏威夷海边跑步

交出真情

作为身居海外的孔子学院人，与人交往是用行动讲述公共外交故事的最直接的方式，而房东、邻居、同事和所在社区是我们最常交往的对象，与他们友好相处是一种润物细无声的公共外交方式。当房东子女生日的时候，我会送上中国特色的小礼物，如中国结、剪纸等。麻烦邻居代收网购物品后，我也会送上一点小礼物。春节期间，我会给外方同事的小孩发红包。在夏威夷期间，我邀请房东夫妇观看中央民族乐团演出，观看后，房东连声说"Fabulous! Fabulous!（太神奇！太神奇！）"，并表示希望

我给外方院长小孩压岁钱，小孩送我一幅画

购买一些中国文化演出的 DVD，计划今后到中国旅游。房东一家来自波兰克拉科夫，我告诉他们，克拉科夫有我所在国内大学承办的孔子学院，他们听说后非常高兴，也许我们会在克拉科夫、北京或者夏威夷再见面。

对于孔子学院和我们个人来说，社区就是我们的家园。2012 年 4 月，在夏威夷大学孔子学院工作期间，我鼓励在当地上学的孩子"收养"了住所附近的一座社区公园，为期 2 年。公园面积很大，有各种运动场所和草坪。我们自购清洁工具和劳动护具，每月的最后一个周六下午，我和孩子都会对公园进行一次清扫，每次都要花两个小时左右的时间，每当我们清扫公园的时候，很多当地人都带着惊讶竖起大拇指，对我们表示感谢。因此，我们还收到了时任檀香山市市长 Peter Carlisle 的感谢信。

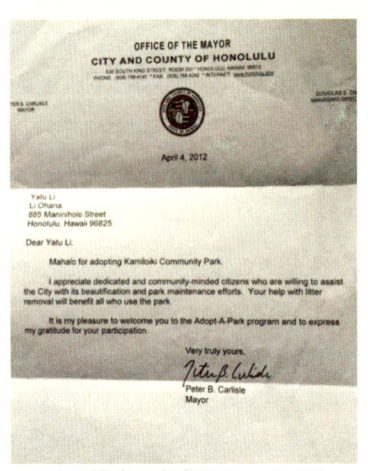

时任檀香山市市长 Peter Carlisle 的感谢信

在美国，要真正融入当地生活，教会似乎是必去之处，通过去教堂、加入家庭小组等方式可以走进更多的家庭。教堂是美国最普遍的聚会场所，走进教堂就能走进美国普通民众的生活。我先后走进当地 10 多家教会，主要是非华人教会，并加入家庭小组，通过与教会牧师、执事以及许多美国普通家庭的联系和交流，使普通美国民众更广泛深入地了解了中国，了解中国人民，了解中国的宗教自由，消除了一些美国民众对中国的负面看法。此外，我经常在教会碰到一些中小学校长和合作机构负责人，这是一种无声的公共外交。2011 年夏天，我带夏威夷教育代表团参加中国夏令营时，一位校长特意叫我带他去参观正在进行礼拜活动的海淀基督教堂。看到这么大的场面，校长先生非常惊讶。我告诉他，这只是该教会周日四场敬拜活动之一，场场爆满，而且，在北京这样的教会还有很多家。

以上只是我用行动讲述公共外交故事的三个方面，关于这三个方面的故事还有不少，其他方面的故事更多。作为孔子学院中方院长，我始终牢记并积极践行孔子学院的公共外交使命以及个人的公民外交职责。正如赵启正先生所言，对于外国人来说，"中国是一本 13 亿人口的书，每个中国人是其中的一页"。我所做的，就是努力把自己的那一页书写好。

在摸索中前行

廖爱华

2014 年至今，担任美国华盛顿州孔子学院美方副院长。

三年了

这周又到了做年度总结（annual review）的时候，每年都是 6 月份。大概的做法就是个人先递交书面工作总结，针对前一年所做出的工作计划汇报进展情况，概述自己工作职责的表现、有哪些突出的业绩、有哪些方面需要协助或接受培训，以及做出下一年度的工作计划。上交书面报告后与主管领导进行面对面的谈话，探讨有哪些方法和资源来解决工作中存在的问题或挑战。由于工作总结涉及面谈，整个流程就显得更正式一些，容不得马虎，自己在报告中罗列的内容要经得起推敲，逐年的总结一对照就知道自己是否达到工作目标，有没有跑偏。脑子被这样格式化了以后，几年做下来，基本上自己就可以给自己的工作有个比较准确的评判。当完成第三次工作总结的时候，担任华盛顿州孔子学院（Confucius Institute of the State of Washington，CIWA）美方副院长的职务也整整三年了，偶然一想，三年前的崭新开始和三年间奋斗的过程似乎是注定。从"华工"（华南理工大学）来到"华大"（华盛顿大学），听起来也是合情合理的工作延续。

初来乍到

华盛顿州孔子学院（以下简称 CIWA）是美国第一所也是目前唯一的一所州立孔子学院，成立的背景是 2006 年时任中国国家主席胡锦涛访问华盛顿州之际，州政府提议在华盛顿州建立一所孔子学院以满足当地学生及居民学习汉语言文化及了解中国的需要。之后经酝酿与准备，CIWA 框架协议于 2009 年 9 月由国家汉办、华盛顿州政府、华盛顿大学及西雅图学区四方签署，正式合作协议于 2010 年 4 月签署，国内合作机构为四川大学和重庆市教委。从此，美国第一所州立孔子学院正式拉开帷幕。

从华盛顿大学校园眺望雷尼尔雪山

我接过 CIWA 美方副院长这一棒时是 2014 年 9 月 2 日，西雅图美丽的夏天还没完全结束，华盛顿大学的校园里到处还是绿树成荫，映衬在一座座散发着学术气味的建筑群周围。从办公楼门口望去，壮丽的雷尼尔雪山就伫立在眼前，心里觉得格外亮堂。中午时分，当 CIWA 美方院长同时也是华盛顿大学副教务长进来办公室说"Welcome on-board"的时候，我嘴里正塞满了 pizza，和领导连招呼都没来得及打就正式上任了。CIWA 团队分成两大部分，分别是高等教育部分（设立在华盛顿大学），由我和来自四川大学的一名中方院长（当时即将离任）、两名华盛顿大学的研究生（作为助理，半职工作）及一些国家汉办外派的大学教师组成；另一部分是"CIWA 教育中心"，由另外两名中外方院长和志愿者教师组成，负责中小学的汉语推广工作。两个团队共同协作、相互补充。

所谓州立孔子学院，与其他众多孔子学院不同的地方在于，CIWA 不仅仅面向所在的华盛顿大学、当地社区和中小学，还面向整个华盛顿州推广汉语言文化教育以及增进华盛顿州与中国间的了解。听起来起点很高、架子很大，事实不然。CIWA 成立的第一个四年里一直非常缺乏来自各方的支持，工作开展处处受阻。州政府不给力，在大学间也不受待见，西雅图学区对孔子学院的支持也是心有余而力不足。见此情形，内心激情油然而生，天降大任于斯人也，我必努力，扭转局面。

不顺利的开局

2014 年注定是个多事之秋。9—10 月，芝加哥大学和宾夕法尼亚州州立大学孔子学院先后宣布关闭，这使本来在美国备受争议的孔子学院雪上加霜。然而，刚上任的我走路都带风，并没有太把这种负面消息放在心上，我只是简单地认为，孔子学院作为一个中外合作的项目，可能因为各种原因而终止。大学开设了几十年的专业都可以停办，为什么孔子学院停办就要引起全球争议？（三年后，我还是这样想的）爱关门的关门吧，愿他们好合好散，可CIWA的工作不能停。为了尽快让CIWA融入大学系统以及增进与大学各院系、部门之间的合作，我火速起草通知提议召开大学合作伙伴会议，倾听大家的声音和促进交流。这一倾听可好，问题来了。"芝加哥大学孔子学院"效应似乎有传染性，在交流会议通知发出去后，华盛顿大学十几名教授联名写信，呼吁各个学院停止参与CIWA的一切活动，并反对被CIWA称之为"合作伙伴"。会议当天，我们面面相觑，每个人头顶上都飘着一朵乌云。

开局受挫也不能气馁，咱改变策略。如果合作伙伴不能成群地交，那就逐个进行，而机遇就在转角处。年底，华盛顿大学一位项目带头人提出与CIWA探讨合作，希望借助孔子学院平台支持其研究生团队及带队导师到中国进行短期的学术交流，我适时提出"新汉学计划"。然而，当所有的合作细节都顺利谈妥后，我们却跌倒在了黎明前。想想那还真是一个黎明（西雅图纬度高，冬天早上8点天才亮），我通常早上醒来后习惯用手机翻阅工作邮件，这一看可好，更大的问题来了。由于"新汉学计划"不能支持仍持有中国护照的美国永久居民的申请，之前提出合作的教授发来信件指控CIWA歧视申请人身份，声称必将此事通告校长办公室，并呼吁将CIWA"请"出华盛顿大学校门。我一下慌了神，赶紧向上级（华盛顿大学国际事务副教务长兼CIWA院长）汇报，同时搜集其他全球性奖学金项目对申请人身份的要求，看是否有类似的情况来帮助孔子学院洗清冤屈。所幸，无论是美国国内的还是其他国家的部分奖学金项目，均有对申请人身份或国籍提出明确要求的做法；同时，这位提出指控的教授也刚好碰到了对手——CIWA院长出身法学博士并长期从事国际交流事务，他以一封非常具有说服力的信件彻底把这趟浑水挡在了孔子学院门外（这也说明孔子学院外方院长具有一定行政级别以及国际教育交流经验所能发挥的积极作用），事情来得快去得也快。可是当天晚上我就病倒了，喉咙痛得一句话都说不出来。是时候用脑子好好想想了。

新媳妇要得到认可,需要时间和策略

回首我在 CIWA 工作的三年,甚至纵观 CIWA 成立的七年,都是努力让孔子学院项目如何在华盛顿大学站稳脚跟、如何与当地教育体制接轨的过程,一如刚进门的新媳妇要考虑如何表现出贤良淑德并能为整个家族添枝散叶的过程,这个过程需要时间与策略,当然还需要能力。扮演 CIWA 外方副院长的角色,我并没有体会到太多的神圣使命感,想得更多的是如何让孔子学院活下去,如何整合孔子学院的资源在整个华盛顿州推广汉语言文化教育这个根本性的问题。在美国这个务实的社会,任何事物的存在必须要有强大的说服力。

首先要有名份。CIWA 成立以来辗转了几次,最终交回给华盛顿大学的国际事务办公室管理。尽管 CIWA 有自己独立的网页,但一直没有在华盛顿大学的门户网站上得到体现,等于媳妇过了门,但没有正式名分,这可不行。我不断找国际事务办公室的同事商量,看如何能冠冕堂皇地"承认"CIWA 的存在,如何把孔子学院的资源和项目整合到校内的各个渠道,成为大学的一部分。这个合理的要求很快得到了满足,在华盛顿大学的国际事务办公室官方网站上,从此出现了孔子学院的身影,也介绍了建立孔子学院的初衷和目标。这是 CIWA 成立四年后的事情。

当然还要在华盛顿大学这个大本营弄出点动静,让更多的学生和教职员工来了解孔子学院,也让孔子学院的资源惠及校内外。华盛顿大学早于 1926 年就开始中文教学,是全美国开设中文课程最早的大学之一,也享有盛誉。有这么强大的中文项目在这里,自然没有 CIWA 给学生开设语言课的必要性。然而华盛顿大学的中国学生众多,各个院系的教职员工当中有不少人有通过学习中文了解中国文化的意愿和兴趣。因此,给在校教职员工开语言及中国文化课是深受欢迎的,他们学习中文也慢慢被视为职业发展的一个部分。三年来我们的规模从一个班扩展到两个班。尽管规模不大,但时间长了总是有影响的,而且影响到一个教师或职员就意味着影响着一片人。另外,中国太极拳声名在外,作为文化课的延伸非常容易推广也深受欢迎,我们从开始的一个班 20 人的规模到后来有近百人报名,但考虑到经费、场地、师资的因素,我们就限制在两个班约 50 人的规模,这其中太极拳教练的英语能力和教学方法起着关键的作用。同时,我们开设系列讲座，内容涵盖经济、文化、历史、法律、音乐、京剧、相声等，邀请的主讲嘉宾来自不同文化背景，从不同的角度讲述中国故事。再后来，我们不断开辟各种资源，把孔子学院开展的项目和活动不断丰富起来，包括组织文化、历史类的展览，开展国际学术会议，促进华盛顿大学与中国大学间的学术交流，组织学生到中国进行短期语言学习，等等。

然后，我开始扩大与州内其他高校的合作，并与每一个合作高校签订合作协议。这个决策非常重要也非常及时，不但把合作关系正规化，同时帮助合作伙伴更好地理解孔子学院的性质、目标以及有哪些资源，如何把这些资源与自身的长期发展目标结合起来。协议的签订还有效界定了相互的责任与投入，以及资金管理方面的要求和程序，这就在全州建立起了一个推广中文项目的网络——以西雅图为中心向外围扩散。在过去三年间，CIWA 在整个华盛顿州的合作大学及学院增至 9 个，包括公立、私立大学以及社区学院。CIWA 作为一个州立孔子学院的特殊性得到了明确的体现。

架子搭好了，继而如何把孔子学院的各种管理制度完善起来同样举足轻重，尤其是使 CIWA 的经费管理流程与大学的财务体制并轨的问题。由于孔子学院的运营经费绝大部分来自于国家汉办（海外拨款），经费申请、批复、拨款周期均与大学现有体制不一样，经费管理细则也与大学不一致。CIWA 的运营经费不仅仅用于支持在华盛顿大学的项目开展，还需要与众多其他合作高校协调各种管理条款，实施起来非常困难和烦琐，也成了过去三年来最大的工作挑战之一。我们从 2015 年开始组织一年一次的全州合作高校会议，向所有的合作伙伴面对面介绍孔子学院的重点项目或新项目，提供经费管理方面的培训，同时通过这个平台促进各个高校之间的经验分享，增进了解。

在我的第三个年度总结会议上，CIWA 美方院长/华盛顿大学副教务长说："CIWA is now part of the university." 在我看来，这是对我自己工作以及对整个孔子学院工作最大的肯定与鼓励。

如何讲好中国故事

要有一颗开放包容的心。有一次我们邀请了一位长期在中国学习及表演相声的富布赖特美国学者到华盛顿大学开一场讲座。邀请他的原因不仅是因为能身穿大褂讲中国相声的美国人非常少，更重要的是因为他的做法是通过相声这个"桥梁"来向观众介绍中国文化及社会的各个层面，这是我一直以来喜欢的模式：剥离活动的趣味性后，让观众离开时能带走一些可以思考的东西。结果这位嘉宾的切入点尤其独特，也似乎对中国的一些"特殊"现象特别感兴趣，例如"中国的垃圾桶会冒烟""中国的电梯没有4楼""中国的豪车可以不遵守交通规则"等。我多次控制住了自己站起来对这些社会现象加以解释的冲动，因为我不能将我身为中国人的看法强加于观众。观众问，作为一名喜剧人需要用到很多层面的生活题材进行创作，在中国不会受到限制吗？这位年轻的学者很认真地说："我在中国生活了快10年了，至少到现在还没有感受到威胁。"然后反复强调：你们一定要去中国看看！我想，尽管主讲人没有讲述中国古老灿烂的文明，没有讲中国快速的经济发展，但还是传递了积极的信息，也促进了大家对中国的思考和认识。毕竟除了四大发明，还要让世界了解现代的、事实的中国。

选择对的人和对的方式。CIWA活动的主讲嘉宾大多是来自美国本土的汉学家、艺术家和学者，他们对受众的文化和讲述方式有更好的把握，我们希望能用受众习惯和乐于接受的方式来学习、了解中国文化。当然本土专家还有语言方面的优势，避免了"女同志"被直接翻译成"female comrade"的类似情况，让大家以为中国还停留在半个世纪前。同时，西方人穿着大褂说着字正腔圆的相声、穿着戏服唱着抑扬顿挫的京剧本身就说明了中国文化所具有的无限魅力。由当地大学的教授作词作曲的关于中国古代女诗人蔡琰的英语戏剧就是另一个用西方人的方式来了解、传唱中国文化的例子。

然后要借力。和歌德学院、法语联盟不一样，孔子学院是设在大学里面的，这种做法非常有远见，非常有利于通过与所在大学各个院系的合作来做到资源最大化。组织中国音乐会，音乐系可以提供场地和支持；开展中国文学类讲座，东亚语言文学系可以推荐最合适的主讲人选并帮助宣传；召开有关中国环境的国际学术会议，环境学院可以合作并邀请其他国家的权威专家来参加等。当地社区的各种非营利性机构也是非常好的资源，能给孔子学院提供很大的支持。

将来的路还很长

比起孔子学院将来在全球的持续性发展所要走的路，CIWA在过去七年的征程还很短,我为 CIWA 服务的三年就更短。非常庆幸在这三年间,能天天在华盛顿大学这个美丽的校园里漫步,看着来去匆匆的学生们从图书馆走进课室,又从课室走进另一个课室。忙里偷闲时,就选上一两门课,和华盛顿大学学子们一起发发呆讨论讨论。更幸福的是一直和一批优秀的"川大人"共事,他们要么温和睿智、要么年轻貌美、要么才华出众,但他们的共同点就是勤奋善良。

我们互相支持,一起吐槽,还能顺便吃上享誉全球的四川菜,这些生活点滴将成为我毕生的财富和美好的回忆。

孔子学院很特殊,因为世界上没有任何其他国家在做同样的事情;孔子学院也很年轻,没有太多的东西供我们学习或借鉴。我们只能摸索着一直往前走,至于在岔路口是转左还是转右,抑或是直行,只能靠每个孔子学院自己决定,找到一条最适合自己的路。这条路充满了未知,但也充满了惊喜。

丝路明珠 文化使者

廖冬梅

新疆大学中国语言学院教授。2015 至今，担任吉尔吉斯斯坦比什凯克人文大学孔子学院中方院长。

吉尔吉斯斯坦比什凯克人文大学孔子学院，是根据上海合作组织 2007 年比什凯克峰会上中吉两国国家元首达成的共识而筹建的。同年 10 月 26 日，中吉双方签署建设孔子学院的协议。2008 年 6 月 15 日暨上海合作组织成立纪念日顺利揭牌。比什凯克人文大学孔子学院是由新疆大学与比什凯克人文大学合作，在吉尔吉斯斯坦建立的第一所孔子学院。

我是第三任中方院长，2015 年接任时，前两任中外方院长已经打下了良好基础，孔子学院已下设了 9 个孔子课堂，分别是吉尔吉斯斯坦玛纳斯大学、工业大学、国际大学、外交学院、法律学院和吉尔吉斯斯坦比什凯克市第 28 中学、第 62 中学、第 66 中学以及伊塞克湖州乔里番阿塔市基诺夫中学，还有 21 个汉语教学点。比什凯克人文大学孔子学院成立后，严格遵守孔子学院章程，逐步完善了教学及日常管理制度，本着相互尊敬、友好协商、平等互利的原则，在汉语教学和中吉教育文化等方面开展交流与合作。学员共计达 30 000 余人，生源包括幼儿、小学生、中学生、大学生、政府部门官员等。开设的课程类型多样，学习内容适应各类学习者的需求。截至目前，向中国 20 余所著名高校推荐各类奖学金学生达 450 余名，组织本土汉语教师培训及赴华培训 11 次，达 200 余人。2013 年 10 月，为适应孔子课堂本土化发展趋势，经申请，孔子学院总部/国家汉办批准在比什凯克人文大学合作设立汉语师范专业，资助比什凯克人文大学通过高考录取招收 4 年制本科汉语专业的奖学金师范生。

无论是汉语教学，还是中华文化传播活动，我们孔子学院老师都任劳任怨，每人每周达到 20 学时的课程，还会在每学期课程结束时，举办结业典礼，激励学生。

吉尔吉斯斯坦比什凯克人文大学孔子学院培训中心举行汉语培训班结业典礼

2016 年 12 月 20 日，在吉尔吉斯斯坦比什凯克人文大学孔子学院汉语培训中心 104 多媒体教室举行了 2016 年秋季入学培训学员的结业典礼。中方院长廖冬梅女士、副院长王欢女士、汉语培训中心负责人刘晓玲老师、玛纳斯

结业典礼合影

大学孔子课堂党春直老师出席了结业典礼并为本期培训班学员颁发了结业证书，汉语培训中心所有任课教师与全体学员参加了本次结业典礼。

结业典礼上，中方院长廖冬梅女士对培训中心老师们卓有成效的工作表示了充分的肯定和感谢，对顺利结业的学员们表示祝贺，并对他们提出

诗歌朗诵《面朝大海 春暖花开》

了殷切的期望，希望他们再接再厉，继续学习汉语和中国文化，为中吉两国之间的文化交流架设友谊之桥。

结业典礼以汇报演出的形式展开，学员们通过舞蹈《小苹果》、葫芦丝独奏《荷塘月色》、手语舞蹈《爱》、中华武术表演、诗歌朗诵《面朝大海 春暖花开》、游戏《谜语竞猜》和小合唱《明天会更好》等 15 个节目充分展示了他们汉语学习的成果，展现了他们

对中国文化的理解，演出现场气氛热烈，掌声不断。

吉尔吉斯斯坦比什凯克人文大学孔子学院汉语培训中心自2012年成立以来，充分结合当地特点相继开设了面向在职公务人员、在校大中学生和汉语爱好者等的特色汉语教学培训活动，教学口碑很好，得到社会上广大学员的认可。每学期在册学

手语舞蹈《爱》

员达上百人，很多孔子学院的奖学金学生均出自培训中心，吸引了大批吉尔吉斯斯坦汉语爱好者前来学习。

中国文化大篷车开进白云深处的牧区

2015年，为更好地推广汉语，宣传中国文化，由我策划，李玲玲老师编纂了汉语、吉语和俄语注释的内容为当地人喜闻乐见的简明剪纸教材。2015年6月和2016年6月，我们孔子学院与吉尔吉斯斯坦文化和教育电视台"Алиппе TB"合作，录制了汉语教材《快乐汉语》100课时的教学视频，拓展了汉语教学范围，使身处吉尔吉斯斯坦南部偏远山区的人们，也可以通过电视来学习汉语。

孔子学院老师教孩子写毛笔字

2015年6—8月和2016年4—8月，孔子学院积极参与公益事业，与吉尔吉斯斯坦"奥通巴耶娃"基金会合作。我同外方院长古丽扎提亲自带队，带领教师和志愿者赴吉尔吉斯斯坦各州牧区夏令营营地，行程5000多公里，教授剪纸、中国画、毛笔字和眼保健操。同时，针对农村等条件艰苦地区实施了240小时的汉语讲学和中华文化培训计划。

通过教孩子们识汉字、写毛笔字、学剪纸、编中国结、抖空竹、踢毽子，开展中医义诊、观看吉语配音的中国电影《梦开始的地方》《娜娜》《真爱》《钱在路上跑》活动，活动丰富、生动、活泼，让大山深处的孩子们在轻松愉悦的氛围里亲身体验到了与自己山水相连的中华文化，让吉尔吉斯斯坦的孩子们在快乐中感受中国文化，萌发对中国这一神秘国度的向往和友爱，不仅开阔了孩子们的视野，更重要的是使他们感受到了中华传统文化之美，为他们健康成长的心灵之路做铺垫。

中医义诊

牧区儿童在毡房中观看中国电影《梦开始的地方》（吉语配音）

吉尔吉斯斯坦前总统萝扎·奥通巴耶娃、吉尔吉斯斯坦副总理、各州州长等官员也参加该项活动，吉尔吉斯斯坦国家电视台和各州电视台进行了新闻报道。各营点要求孔子学院第二年能在他们的点停留数周，为孩子们教授更多的汉语知识和中华文化。2015、2016年我和外方院长获得萝扎·奥通巴耶娃国际公益基金会颁发的"吉尔吉斯斯坦牧区儿童教育发展贡献奖"。我们孔子学院积极组织参加民间交流活动，使吉尔吉斯斯坦民众深刻感受到汉语和中华文化的魅力，提升了公共外交活动的效果。

中文赛场成绩斐然

2015年9月，为使当地的华人华侨及其子女更好地掌握母语，加深自己的"根基"所在，孔子学院在吉尔吉斯斯坦国家图书馆建立了华人华侨中文教学点。

2015年，为准备第八届"汉语桥"世界中学生中文比赛，我亲自制定参赛选手的培训计划，除了加强他们国情知识的学习，还根据选手的情况，将京剧和快板相结合，提升选手的中华才艺。最终我们孔子学院领队的吉尔吉斯斯坦队获得了团体三等奖，张吉娜同学获得个人综合二等奖、最佳网络个人人气奖的好成绩，刷新了吉尔吉斯斯坦代表队的参赛历史记录，充分展示了我们孔子学院的汉语教学水平和中华才艺水平。

全球孔子学院日：迎中秋、庆国庆——中国电影进校园

为庆祝全球第三个"孔子学院日"，我们孔子学院于2016年9月13日—10月10日以"迎中秋、庆国庆"——中国电影文化展播系列活动的形式开展了系列庆祝活动。

本次中国电影展播活动的中方合作伙伴是新疆维吾尔自治区电影放映发行公司，由他们协助孔子学院对播放的中国电影进行吉语配音并提供全套露天放映设备（后因安全原因，取消了室外放映安排）。为此，我们统一制作了中国电影资源包，分发给孔子学院下设的各大学和中小学孔子课堂以及教学点进行播放。展播的电影以历史片、功夫片、喜剧片为主，包括再现从1945年抗日战争结束后到1949年中华人民共和国成立这一历史时期的《建国大业》（俄文配音），讲述为寻回八国联军侵华掠夺的国宝而展开情节的《十二生肖》（俄文配音），展现博大精深中国功夫——咏春拳的《叶问3》，展现现代生活理念的《泰囧》和奇幻喜剧电影《重返20岁》，还有演绎人妖和谐共存的《捉妖记》等。学生们被影片《重返20岁》中沈梦君愿意牺牲一切，只为孩子开心，好好生活的伟大母爱所深深打动。放映结束时，现场爆发出持久而热烈的掌声。

比什凯克人文大学的师生正在观看电影《建国大业》

此次电影展播活动为汉语言文化爱好者展示了不同角度下的中国，让更多的吉尔吉斯斯坦师生了解中国社会生活的变化和发展，大家得到的不仅仅是视觉效果上的享受，更有深层的情感上的靠近与文化上的认同。在展播活动中一些汉语学习者表示，中国和吉尔吉斯斯坦的影视作品交流还不太多，希望能够学好汉语，为更多的中国好电影配上吉语字幕，让更多的吉尔吉斯斯坦观众体验中国电影和中国文化的魅力。

比什凯克人文大学孔子学院中方院长廖冬梅同吉方院长古丽扎提一同出席各个点的中国电影展播开幕式,向师生讲解活动的意义:此次"迎中秋、庆国庆"——中国电影文化展播系列活动旨在运用现代化多媒体设备进行具体形象、生动有趣的中国文化传播,以增加中华文化在吉尔吉斯斯坦的影响力,增进吉尔吉斯斯坦青少年对中国基本国情、价值观、发展道路、内外政策的了解与认识,展示新时期中国文明、民主、开放、进步的形象,让吉尔吉斯斯坦青少年了解中国、喜爱中国文化,同时加深两国的友谊。

孔子学院中外方院长在比什凯克市第62中学孔子课堂和师生们一起观看扇子舞表演

孔子学院中外方院长在比什凯克市第28中学孔子课堂和师生们一起观看武术表演

此次电影展播活动持续到2016年10月10日,期间还播放了《唐伯虎点秋香》《花样年华》和《舌尖上的中国》等多部题材各异的中国影片。

更值得一提的是在此次电影展播活动中,在比什凯克市第62、28和66中小学同时进行了中国文化推广活动,节目精彩纷呈。

2016年9月20日,比什凯克市第62中小学孔子课堂举办了"迎中秋,庆国庆,观电影"文化活动。活动当天,来自孔子学院的中外方院长,以及各位志愿者老师们,在第62中小学校长和孔子课堂负责人带领下,来到了孔子课堂汉语教室。在那里,学生迫不及待地给来宾展示自己的作品,有栩栩如生的国画《熊猫》、用水彩上色的活灵活现的中国京剧脸谱以及同学们亲手剪的剪纸。在第62中小学的小礼堂,同学们也为来宾带来了精彩的文艺节目。女声独唱中国歌曲《我的歌声里》，歌声优美动听；葫芦丝演奏的《荷塘月色》；烘托节日气氛的诗歌朗诵《春江花月夜》《水调歌头》；吉尔吉斯斯坦传统乐器演奏；萨克斯独奏《我的中国心》；吉尔吉斯斯坦歌舞《玛纳斯》；中学生武术表演。还有来自孔子学院武术老师祁燕表演的剑术，剑如飞凤，精气神十足，将中华武术的精神展现得淋漓尽致。

第62中小学学生们绘制脸谱

第62中小学学生朗诵诗歌《春江花月夜》《水调歌头》

2016年9月28日，伴随着一段欢快的吉尔吉斯开场舞，比什凯克市第28中小学也拉开了此次活动的序幕。学生们穿着具有吉尔吉斯民族特色的服装，以灵动的舞姿展现了吉尔吉斯斯坦的魅力。武术是中国的精粹，千百年来，武术以其强身健体的功

第28中小学学生画脸谱比赛

能、伸张正义的民族象征，被认为是带有东方气质的文化瑰宝。孩子们为我们展现了武术表演的力量之美。低年级的小朋友还带来了《世上只有妈妈好》《鲁冰花》等歌颂母爱的中文歌曲以及两首欢快的歌曲《娃哈哈》和《洋娃娃和小熊跳舞》；紧接着，6个身着红绿运动装的小朋友带来的《小苹果》，更是引爆现场气氛。此次活动的亮点是，节目期间有9位同学进行了画脸谱比赛，最后由两位院长共同评选出优秀的作品。同时，为了让同学们对中国画艺术有更加全面的了解，举办"我心中的中国"绘画比赛，让学生们画出自己心中的中国，并进行了展示。

凝聚孔子学院共识，助推"一带一路"建设

2016年6月20—21日，由孔子学院总部/国家汉办主办，吉尔吉斯斯坦比什凯克人文大学孔子学院承办的首届"2016年中亚和南高加索地区孔子学院联席会议"在比什凯克市开幕。吉尔吉斯斯坦副总理库达依别尔迪耶娃，中华人民共和国驻吉尔吉斯斯坦大使齐大愚，孔子学院总部副总干事、国家汉办副主任夏建辉，新疆维吾尔自治区教育工委书记、教育厅党组书记梁超出席会议并致辞。来自吉尔吉斯斯坦、哈萨克斯坦、乌兹别克斯坦、塔吉克斯坦、阿塞拜疆、格鲁吉亚、亚美尼亚的大学校长、孔子学院和孔子课堂代表、社会各界人士等130余人出席会议。开幕式由比什凯克人文大学校长穆萨耶夫主持。

吉尔吉斯斯坦副总理库达依别尔迪耶娃在开幕式上指出，近年来吉尔吉斯斯坦重视发展与中国的友好合作关系，孔子学院在传播汉语和中华文化的同时，为促进两国人民的传统友谊发挥了重要作用。希望孔子学院继续努力，为中吉文化交流谱写新的篇章，作出更大贡献。

吉尔吉斯斯坦副总理在开幕式上致辞

中华人民共和国驻吉尔吉斯斯坦大使齐大愚表示，"这次会议不仅是本地区孔子学院大家庭的一次盛大聚会，更是一次孔子学院建设发展的经验交流会，它充分展现了孔子学院大家庭的生机与活力。在两国政府和教育部门的大力支持与配合下，孔子学院认真办学，积极举办各类文化交流活动，以语言为媒，架起了中吉人文交流、民心相通的"友谊之桥"。

吉尔吉斯斯坦教育科学部秘书长卡勒斯·沙德卡洛夫表示，吉尔吉斯斯坦是一个非常重视教育的国家，孔子学院为吉尔吉斯斯坦教育作出了重要贡献。他表示吉尔吉斯斯坦教育科学部将不断加大支持力度，与孔子学院通力合作，确保孔子学院在吉尔吉斯斯坦的汉语教学工作顺利开展。

新疆维吾尔自治区教育工委书记、教育厅党组书记梁超对孔子学院的发展提出了三点认识和看法：第一，孔子学院是推动"一带一路"发展的重要动力之一；第二，孔子学院区域办学特色将逐渐增强；第三，新疆将

不断加强对孔子学院中方承办院校的支持力度。

　　孔子学院总部副总干事、国家汉办副主任夏建辉表示，本次会议以"'一带一路'倡议下孔子学院面临的机遇与挑战"为主题，正是希望站在新的历史起点上，顺应新的发展潮流，把握新的发展机遇，共同总结和分享成功经验，同时深入分析研究孔子学院面临的师资、教材、财务管理、中外合作机制等方面的问题和挑战，集思广益，为孔子学院长期可持续发展建言献策。中亚和南高加索地区孔子学院地域相近、语言相同、特点相似，应加大区域合作力度，整合资源，协同创新，共谋发展。

　　本次联席会议为期两天，通过全体大会、经验交流会和分组讨论的形式就"一带一路"倡议下孔子学院面临的机遇和挑战、孔子学院的区域合作与资源共享、本土教师培养培训、文化交流活动的策划与开展、孔子学院与企业合作等主题，集中探讨了适合中亚和南高加索地区孔子学院的未来发展方向，以更好地提高孔子学院在该地区的办学品质和影响力。

中华人民共和国驻吉尔吉斯斯坦大使
齐大愚致辞

国家汉办副主任、孔子学院总部副总
干事夏建辉致辞

　　吉尔吉斯斯坦多家电视台、媒体以及中国新华社驻吉分社对孔子学院的各类活动进行报道，在社会上产生了较大影响。由于在促进中吉文化交流及汉语教学方面贡献突出，比什凯克人文大学孔子学院受到了吉尔吉斯斯坦政府、国家汉办以及中国大使馆的多次表彰，特别是2016年12月10日在中国昆明召开的全球第十一届孔子学院大会上荣获"先进孔子学院"殊荣（在全球500多所孔子学院中，仅有20所获此殊荣）。

　　百尺竿头，更进一步，随着中吉两国合作关系的不断深入，比什凯克人文大学孔子学院人将继续坚定信念，不辱使命，努力架设起汉语这座美丽的桥梁，为促进中吉两国之间经济文化交流、加深中吉两国人民友谊作出更大的贡献。展望未来，比什凯克人文大学孔子学院如镶嵌在丝绸之路经济带上的一颗明珠，在中吉友谊之路上散发着璀璨的光芒。

初见英伦

刘 程

华南理工大学国际教育学院教授、副院长。2011—2013年担任英国兰卡斯特大学孔子学院首任中方院长。

2011年11月9日,广州,白云机场。按照孔子学院总部/国家汉办的提醒,我提前4个小时到达广州白云机场,才发现提前得太早了,check-in 远没开始。于是,开始等待。手机卡里还剩下几块钱,要抓紧把它用完,但又怕用完,因为还有很多电话没来得及打就已经来到了机场。

当头一棒的是,在家里拼命塞进去的、囊括一个"家"的行李,整整超重6.5公斤!罚款是必然的,650元人民币!这恐怕是有史以来最昂贵的行李了!我的心在滴血,欲哭无泪。无奈交了罚款,换登机牌,安检,出海关,登机。起飞时间:北京时间2011年11月10日00:30。

2011年12月20日,英国兰卡斯特大学孔子学院揭牌

此前到美国的航程也才13个小时左而不右,这次倒好,近16个小时。我已经习惯了上飞机就睡觉。辗转反侧的睡眠、扭扭捏捏的身姿、不伦不类的态势,醒来广播说到巴黎还有2个小时。事先准备看的书、准备听的音乐,都没来得及看、没来得及听。飞机上的食物永远谈不上好吃,聊以充饥果腹而已,匆匆吃

在 High Bentham 小学教汉语

罢，飞机便降落在巴黎戴高乐机场。戴高乐机场对我而言没有任何意义，因为不知道它有多大、有多新或多旧、往来人口多少如此等等，飞机降落时已是凌晨。这时突然发现，自己在这里已然成了"老外"，匆忙来去的人群中，几乎没有黑头发黑眼睛，只有清一色的高鼻子蓝眼睛或棕色人等，倍感亲切而安全的符号体系和话语系统杳无音信。迷蒙中，转机飞往曼城。这段旅程约飞了 1 小时 15 分钟。曼城到了。

理论上说，不管你在哪里转机，迪拜或阿姆斯特丹，到了曼城，基本就是要入英国的海关了，这是常识。不知是因为我在飞机上睡得太香太沉，还是因为巴黎到曼城的空哥空姐们误以为我已是英国的常住人口，竟然没人叫我填写入境卡。我内心一阵窃喜，英帝国主义终究还是松动了啊，连入境卡都不需要填写了，呵呵！兴冲冲地冲到队伍最前面，排队，预备入关。面无表情的入境管理小姐的两片薄唇间幽出一句冷话，"Sorry sir, you need to fill in the card." 侥幸心理害死人啊。找笔、觅纸，填好再排队时，前方已是蜿蜒曲折的巨蛇一样长长的队伍。折腾来折腾去，我已是最后一个入关的了。真是当头又一棒！

接着当头再是一棒！兰卡斯特大学方面事先预约的司机竟没来接机！当时的猜测是，因为我过关耽误了时间，接机的人可能等不及，拍屁股走人了，因为印象中外国朋友基本上是比较守时的。但隐约感觉是，他们根本就没来接机。经验告诉我，等待可能是最好的办法。于是等待，等待 1 个小时，等待又 1 个小时。果不其然！于是，问人在哪里可以上网、在哪里可以打电话，换零钱，花了 1 英镑上网查找联系电话，花了 2.9 英镑打电话，天！确实没人来接机！等到接机的人来到，一问方知，兰卡斯特大学方面竟没人知道该如何预订出租车接机。后来终于来了一个人，扛行李，上车。

Anchorsholme 小学的常规汉语课程——
如今已经发展成为兰卡斯特大学孔子学院的第一个孔子课堂

对曼彻斯特基本没什么印象，记得以前大连的孙继海曾在这里踢足球，当然还有李铁。这是事后和接机的司机师傅聊天时勾起的仅存记忆。对了，还有曼联队，仅此而已。司机应该是个非洲人，该是第二代或第三代吧，非洲印记不是很明显，但依稀可以看出。他问："Football fan?"意思是我是足球迷吗？我说："Soccer?"因为在美国 football 是橄榄球的意思。当然不是，就中国足球现在的状况，要成为一个足球迷，有点够呛。我说我喜欢篮球，喜欢篮球明星比如姚明。显然，他对篮球没什么兴趣，也比较不以为然。但司机还是很友善地问，"Need water?" water 是不需要的了，我迫切急切需要 sleep。可能是司机看我一身一脸的疲惫风尘，交谈就此终结。在曼城一掠而过的景象中，我早已安然入梦。

时光飞逝，醒来已见兰卡斯特，这个我需要工作战斗兼生活 2 年的小镇，未来我们称之为"兰村"的地方。欲知更多"兰村"故事，请阅读本人的《行走英伦——孔子学院中方院长日志》。

立足传统文化　诠释当代中国

马磊

北京师范大学副教授。2012年至今，担任美国威廉玛丽孔子学院首任中方院长。

美国威廉玛丽学院（以下简称"威玛"）坐落于弗吉尼亚州的威廉斯堡（以下简称"威堡"），属于历史三角地，比邻 Yorktown 和 Jamestown，是美国历史第二悠久的学校。国人以往只闻哈佛，未听威玛。其实它和哈佛大学同时提交办学申请，但因为当时有战事，直到1693年才经过英国威廉国王和玛丽女皇的首肯建校。威廉玛丽孔子学院（以下简称"威玛孔院"）是威玛和北京师范大学（以下简称"北师大"）在孔子学院总部/国家汉办的支持下于2011年签订协议共同创建的。孔子学院从一开始就定位从传统文化的根基入手，推广汉语和中国文化，主要是基于威玛的历史和威堡的现状。威堡是一个人口不到两万，风景如画并且生活安逸的养老小镇。除了8000多大学生之外，居民基本上是退休的高级知识分子，他们对中国的了解多数停留在20世纪60—70年代。那时的中国还没有完全对外开放，所以他们对于当代中国了解得不够全面，或者知之甚少。我上任的第一周，有位曾驻亚洲的前外交官找到孔子学院，咨询是否可以帮他把上学时买的琼瑶的《窗外》念一遍，用磁带录下来，以便他复习中文。我从美方院长那儿借到一台老式的磁带录音机录了整本小说。之后，我跟他一对一上课，把小说又通读了一遍。后来，我推荐他跟志愿者读《蜗居》，进一步了解当代中国，学习工具也更新成录音笔。从我2012年1月6日作为威玛孔院的首任中方院长上任之始，他便坚持不懈，每周风雨无阻地来孔子学院上课，到2017年1月16

日我离任后，那位老人依然坚持与其他的国家汉办教师和志愿者继续学习汉语，精神可嘉，属于孔子学院的铁杆粉丝。他夸奖威玛孔院是"在美国东南部亚洲文化沙漠中的绿洲"。

我在北师大是外文学院的英语教师，在威玛孔院工作基本上利用我的专长以翻译儒学经典论坛开始。2012年4月16日，威玛孔院举行了揭牌仪式。第二天，在威玛和北师大的支持下，孔子学院在威玛国际处举办了儒学经典论坛，由两校10名教授分别讲述各自对中国儒学思想的理解。

2012年4月17日在威玛—北师大儒学论坛上，为康震教授翻译儒家思想讲座

我担任了北师大郑万耕教授关于易经以及康震教授关于孔子思想的讲座翻译。在威堡这个古老的小镇，公众第一次深入地了解到东西方思想的异同。两校对我们的定位十分支持，认同"易经乃六经之首"的观点，于是2013年10月两校合办的"易经与国学研究中心"得以在北师大揭牌。2014年6月由威玛负责国际事务的副教务长，时任威玛孔院的代理院长 Steve Hanson 带威玛4人团参加了北师大"《周易》与时间"国际研讨会。

五年间，我不断用英语对中国传统文化进行宣传和介绍，既在威堡，也在美国其他地区。2012年秋季学期，在威玛的学分课中第一次开设了"中国民俗学简介"，让大学生对中国常见的民俗现象有了进一步"知其所以然"的了解；从2014年秋季学期至2016年春季学期，连续教授学分课程"中国书法"，属于威玛通识教育的课程之一，授课对象不仅限于"中文项目"的学生，而是在全校的本科生中宣传中国传统艺术。2015年3月还邀请了在美访学的书法家翟东伟先生到威玛现场讲解并演示中国书法，吸引了教职员工到场听讲。2016年夏天在学校 Swem 图书馆展出了学生的优秀书法作品，因为 Swem 图书馆是对社区免费开放的，这既让学生产生了成就感，也在更广的范围内扩大中国文化的影响；2013年10月受邀到阿拉斯加大学介绍中国民俗，特别是吉祥图案在当代中国的影响；2014年10月受邀到美国排名前10的高中 Maggie Walker Governor's School 的语文课上介绍中国四大传说，学生们兴奋地在黑板上画出了孟姜女故事的梗概；2015 年受邀到乔治梅森大学，在一位华人捐赠的画展"Ageless Chinese Art"的闭幕式上介绍中国传统书法和绘画体现出的中国思想。2014 年秋至 2015 年春，弗吉尼亚艺术博物馆和中国故宫博物院合作，在里士满举办故宫珍宝展。我参与了前期布展工作时的翻译工作，助理院长带领志愿者参与了为那期展览而举办的暑期教师培训，普及中国文化知识。2015 年春，我们还组织了威玛的大学生和社区学员近百人去里士满参观该展览，影响范围颇广。自 2013 年起，我们每年都会参与弗吉尼亚艺术博物馆举办的中国日活动（ChinaFest），展示中国书法和民乐，受众通常在几千人左右。

五年中令我感慨的是生活在威堡的居民非常认真地对待中国传统文化。有几位常年练习并教授太极拳的老人，从 1996 年开始，在每年 4 月的最后一个周末都会举行"世界太极和气功日"活动。他们得知威玛孔院的存在，就主动找上门，表示愿意和我们共同举办该活动。我们从 2015 年起已经成功合作两次。参与太极和气功展示的有当地居民、大学生和华人太极拳团体，大家相互切磋，其乐融融。2015 年 4 月，我们在活动现场同时展示了书法、绘画、剪纸、茶艺和民乐，给来宾一个全方位的中国文化体验。在 2016 年 4 月的活动中，还请到一位学中医的美国人讲解经络理论与保健知识，达到了文化交流的新境界，令中外人士受益匪浅，甚至有老人坐轮椅来参加此活动。2017 年离任前，确认了 4 月的活动将邀请生活在纽约地区的太极大师陈思坦亲临现场，展示并指导教学，让更多的中外友人再次感受中国传统文化的魅力。目前，孔子学院的太极拳课程聘用了一名习练了近 20 年的退休美国人授课，他把中国传统哲学思想、太极习练还有养生知识结合起来，深受学员欢迎，只要时间允许，我都会参与每一期的教学，并帮助解释一些专业词汇，和师生结下了深厚的友谊。

利用民乐宣传中国传统文化也是威玛孔院的一大特色。从 2013 年起，在北师大艺术与传媒学院的支持下，我每年招聘的志愿者教师中必有一位来自民乐专业，在威堡及其周边地区的大中小学艺术课上展示民乐，并举办一场音乐会。这样他们既完成了学业要求，也在更广阔的空间宣传中国的艺术。2016 年帮助该院的卜晓妹老师到威玛访学半年，她不仅利用一流的演奏为孔子学院引来社会的捐赠，而且还帮助组建了威玛孔院民乐队，队员由威玛教师、大学生还有孔子学院的志愿者及国家汉办教师家属组成。仅半年的时间，他们在校内外就表演了近 20 场。眼下我们虽然已经回国，但是大家对他们的演出依然津津乐道，因为音乐比语言更有穿透力，具有跨国界的传播手段。

2016 年 3 月 30 日在乔治·华盛顿大学孔子学院，为刘震教授翻译易经思想讲座

国家汉办对威玛孔院的工作也是大力支持，2016 年派中国政法大学易经专家刘震教授到美国进行中国哲学思想的巡讲，我负责英文翻译工作，翻译中国哲学思想成为我任期结束的标志。我们在威玛的老年大学（Christopher Wren Association）开设了一门《中国哲学思想》，同时刘教授还去美国其他孔子学院和华人社区进行了近 20 场的讲座，包括没有设立孔子学院的哈佛大学，我帮助翻译了其中几场。每到提问环节，都是对我们英文水平和国学知识储备的挑战，也是真正和美国民众进行零距离沟通的良机。2016 年的孔子学院日，我们在威玛国际处进行了"天人合一思想"的讲座，为刘教授的巡讲和我五年的工作画上一个圆满的句号。讲座深受听众的欢迎，如同大旱遇甘霖。中央电视台对此做了专访。我们发现除了美国本土人对中国传统文化感兴趣，在美的华人对此也十分渴望。我在向专家学习的同时，也意识到以往学习和工作中的欠缺。为了避免自说自话，并且更好地让没有中国文化背景的人准确地了解中国人的思想与行为方式，离任回国后，我向北师大研究生院提出申请，用英文开设了一门"中国哲学简史"，试图培养更多的能够用英语介绍中国文化的年轻后学。

2016 年国家汉办授予我"先进个人"称号。我不过是在威玛和北师大强强合作中起到了桥梁作用。威玛孔院的工作产生润物细无声的效果，还得益于兄弟孔子学院之间的精诚合作，以及地方机构，特别是华人团体的鼎力相助。

孔子学院故事系列

汉教路上

马艳

云南大学文学院副教授。2014—2016 年担任孟加拉国南北大学孔子学院中方院长。

2016 年 12 月 10 日,在我的家乡昆明召开了第十一届孔子学院大会,这是我们汉语国际教学的盛会,是我们的欢乐与喜悦,战友们从四大洋七大洲聚到昆明,我却不能尽地主之谊;孟加拉国南北大学孔子学院荣获"先进孔子学院"称号,我却远在万里之外的德黑兰大学孔子学院上课。

当我上完课,得到这个消息时,已是德黑兰的晚上,中国的凌晨。李白说,"举杯邀明月,对影成三人",我独自一人在租住的公寓里,无人与我分享这份喜悦,更无酒庆祝(伊朗是禁酒国家),只能一人对着手机反复看新闻。

几天后,我们德黑兰大学孔子学院的中方院长开完孔子学院大会回来,告诉我,孟加拉国南北大学的董事主席、校长和孔子学院外方院长,从孟加拉国给我带来了礼物,托他把礼物带到德黑兰给我,但因礼物太重,他只拍了照片给

孟加拉国南北大学孔子学院

我。当看到照片上的礼物时,我的心霎时被一股巨大的暖流包裹,眼里满含热泪,不是因为礼物的贵重与否,而是因为这份礼物代表着他们和我心与心相连的情谊,哪怕远隔万水千山。

2005年6月2日，孔子学院总部/国家汉办与南北大学签署了合作建设南北大学孔子学院的协议。2006年2月14日，由云南大学与南北大学合作共建的孟加拉国南北大学孔子学院，在孟加拉国首都达卡正式揭牌成立，它是南亚第一所孔子学院，也是南亚汉语国际教育硕士专业实习基地。

共同奋斗的战友和努力学习的学生

我有幸于2014—2016年接任这所有着光荣历史的孔子学院第四任中方院长，与我们南北大学的合作伙伴从相识、相争、相知到友好合作、不舍分离；更与我的战友——国家公派汉语教师和汉语教师志愿者们一起度过了这有苦有累，更有欢乐、光荣与骄傲的2年。

经过历练的这批老师和志愿者，现在还有很多奋战在汉语国际教育的第一线，他们有了更丰富的教学和管理经验，最重要的是，他们具有了在海外进行汉语国际教育的坚强的自信心和坚定的工作态度。

重大任务当前，作为孔子学院的中方院长，最重要的一个能力是前瞻意识：提前准备，随时使用。我们的准备首先是师生和语言教学文化活动。其一，按照孔子学院的常规活动，把汉语语言文化教学工作作为孔子学院长远的根本工作来抓，开设多级别多专业的汉语课程。比如免费开设相应的汉语书法、歌唱、太极、茶艺和乐器（古筝、葫芦丝）等文化课程，并在南北大学开设汉语作为第二语言的学分选修课，参加学习的学生越来越多；其二，注重汉语教师的培训和提高，定期举办教学、礼仪等培训班；其三，在孔子学院各项活动中培养教师独立承担和组织工作的能力。每次组织重大文化活动时，我们的老师均进行分工，各自负责并组织好工作。

提前准备，随时使用的另一个方面就是场地设施。上任伊始，我带领本土教师和负责设计的志愿者对南北大学进行全面的考察，查看学校场地、设立的学院及活动场所，研究别的学院的装修风格等，跟孔子学院外方院长一起找南北大学商量，对孔子学院做了新的设计和装修，历时近一年。记得刚装修好就接待了云南省人大常委会副主任和云南省教育厅一行的参观考察，得到他们的好评。南北大学董事会主席专门带领全家到孔子学院拍照，并告诉我，他去过的美国洛杉矶"China town"都没有我们孔子学院漂亮，孔子学院是孟加拉国的"China city"。是的，我们正是本着孔子学院在国外代表着中国，是所在国家人民认识中国的一个窗口来设计和装修孔子学院的。还记得孔子学院总部领导曾询问我，孔子学院怎么样，还是在过去又脏又黑的地方吗？我说，还是在原来的地方，但现在已经重新装修了，我现在拍照片发给你看。现在孔子学院是"中国之窗""China city"，常常有孟加拉人和中国人来参观和拍照，还可以到茶艺室观看云南各种名茶和中国茶具，体验中国茶艺和品茶，也可以在学生图书阅览室看中国图书和休息，南北大学孔子学院的汉语图书杂志收藏种类和数量都是全孟加拉国第一，有教师阅览室和学生阅览室两个。

两个小花絮

花絮一：2015年4月25日尼泊尔大地震的两天后，我们正在孔子学院排练诗歌朗诵和合唱，尼泊尔最大一次的七级余震开始，南北大学孔子学院所在的整栋楼层都摇晃起来，老师和同学们惊恐万分，从教室和活动室跑出来，我和外方院长也从办公室跑出来。地震还在持续，孔子学院办公区100公斤重的孔子铜像也在大幅震动，一些老师和学生大叫"地震了，快跑啊"，这时只听外方院长Dilara镇定地说，现在是地震最危险的时候，不能跑，电梯和街上都不安全，全体都到这里来集中（孔子学院办公区）。我们两位院长和老师、学生们在一起，他们逐渐安下心来，慢慢地忘了刚才的惊恐。等到地震结束，我和外方院长又让老师和学生等到街上恢复秩序才离开。

花絮二：2015年3月初的一个周五，因是穆斯林的大礼拜日，也是孟加拉国规定的休息日，休息日是我安静的工作日。我走出家门到学校，正是孟加拉国热带气候的旱季，40多度，干热的风似乎能把皮肤烤焦。星期五学校是关闭的，但因为经常加班，保安都认识我，让我进学校，但告诉我，学校停电了，电梯和空调都没有。孔子学院在学校南楼顶楼10楼，爬上10楼，办公室没有空调，打开窗户，吹着热风，我做文化展示活动的设计，活动之一是中、孟诗歌朗诵，孟加拉语的诗歌已经定了，中文的还没有定。安静的办公室热浪翻滚,我的汗顺着脸和脖子狂流,思绪一下转到气候宜人、四季如春的家乡昆明,又想起去年父亲病重,我从孟加拉国赶回去见到他的第三天就去世了,眼泪忍不住流出,心中忽然就响起了"慈母手中线,游子身上衣。临行密密缝,意恐迟迟归。谁言寸草心,报得三春晖"这首孟郊的《游子吟》。于是,便定下了由孔子学院教学点孟加拉国国际辅导学校(BIT)的小学生一起朗诵这首中文诗歌。

英国孔子学院学员在创意绘画中展现的中国元素

隋 刚

北京第二外国语学院英语学院教授。2012—2016年担任英国兰开夏中央大学孔子学院中方院长。

从2012年8月到2016年7月,我在英国兰开夏中央大学孔子学院任中方院长。仅就教学方面而言,除现代中国文学和比较文学课程外,每周还开设两至三小时的中国画赏析与试笔培训课程。该培训班的多数学员是兰开夏大学艺术学院的研究生、本科生以及喜爱中国文化的当地美术工作者。其中也有远道而来听课的苏格兰美术研究生。我也曾应邀为普雷斯顿市美术学会(Preston Art Society)和约克郡中国书画家学会(Yorkshire Chinese Brush Painters' Society)等文化机构和组织开办过数场中国书画专题讲座;还曾在多次"中国日"活动中到当地中小学讲授中国画的基础知识,教英国少儿画简单的中国画并举办他们自己的中国画展览。所有这些美育的实践活动和具体运作过程清晰地显现出古老的中国画艺术在异域的新功用。

实践证明,对中国画艺术与西洋画艺术进行比较赏析,可使英国学员拓宽艺术视野,提高艺术修养,增添"中为洋用"的艺术选项。在中国画教学实践的过程中,我注重采用比较和对比的视角,细致分析中国画与西洋画在画具、构图、透视、笔触、色彩、题材、象征意义、文化内涵诸方面的异同,引导全体学员参与相关美术讨论,以求通过各种美术观念的相互自由碰撞，产生新的灵感火花，共同增强艺术鉴赏力，并培育各自的宽厚包容的文化情怀。在试笔层面，绘画艺术是超越时空和国界的，英国学员在自己的创意绘画中能够展现丰富多彩的中国元素。同等重要的是，中国画艺术的学习可提升英国学员对汉字和中国诗词的学习兴趣。众所周知，书画同源，诗画亦同源。我常给英国学员出一些开放性的中国画创作题目——如：凭自己的体会和想象，用自己最擅长的人物画、花鸟画或山水画技法，画出某一首英译唐诗、英译宋词或英译中国现代诗的意境。英国学员的这类中国画创意习作有个性、有异趣，或婉约，或豪放，生动地展示了学员个人的跨文化理解力和艺术表现力，同时也充分体现了中国传统诗画强大的生命力。与其说是我用英语讲授了一些创意理念、诗词主题和绘画技法，倒不如说是英国学员在自己的创意绘画中展现的中国元素使我得以从新的

英国学员安吉拉正在绘制"飞流直下三千尺"的意境

角度更深切领会中国的母语文化之亲、书画之美、哲思之巧和诗意之妙，更真切感受中国传统文化的轻盈穿越力、温柔冲击力和持久感染力，也更确切理解英国学员的异域文化认知力、艺术资源整合力以及形象思维创造力。

英国学员在创意绘画中展现的中国元素有几种令人深思的特性。在此举例说明如下：

1. 哲理性。在中国画赏析与试笔培训班的课堂上，大学艺术学院陶瓷专业研究生安吉拉（Angela）通过阅读英译

英国学员安吉拉绘制的"上善若水"图

《道德经》的部分章节，进入"凝神观照"的哲思层面，将哲学观念与生

动形象联系起来，将道家的理想人格与自然的简朴景物联系起来，将西方文化传统中的"善"的象征与中国文化传统中的"善"的象征联系起来，用古朴、凝重的中国画笔触绘制了一幅水墨哲理图——既有"上善若水"的内涵，又有"鱼不可脱于渊"的意味。

2. 具象性。作为当地的一名美术工作者，碧霞（Peta）有丰富的绘画经验和相当熟练的绘画技巧。她在课堂上以英译唐诗《望庐山瀑布》为灵感来源，以具象写实的技法创作了一幅与中国山水画传统契合的佳作。这幅平衡、和谐、瑰丽、壮观的"洋人中国画"赋予庐山瀑布以人文意义，依靠具体意象（即高山、流水、古树、飞鸟等）引领观赏者去品味造物的奇妙，去领略岁月的幽远，去体察大千世界的沧桑变化，从而悠然生发对"九天"的浪漫联想、对大自然和各类生命应有的敬畏之情。

英国美术工作者碧霞绘制的"日照香炉生紫烟"的意境

3. 抽象性。如何画出女词人李清照笔下的"愁"字？安吉拉以大写意的点、线、面的排列组合给出了自己的答案。她似乎抽象地画出了自己理解的"愁"的根源、内容和层次——古人之词和今人之画所展现的"愁"均不是物欲之"愁"，而是灵魂之"愁"；不是狭隘的自怨自艾之"愁"、庸俗的自私自利之"愁"和琐碎的患得患失之"愁"，而是崇高的艺术创作之"愁"、永恒的生死意义之"愁"和深沉的终极关怀之"愁"。不仅如此，安吉拉似乎还画出了词牌名"声声慢"的某种旋律和节奏，

英国学员安吉拉绘制的李清照"声声慢"的词意

或曰音乐性。实属创意之举。

4. 契合性。"古道西风瘦马"是很多中国人耳熟能详的经典名句。英国学员碧霞通过研读马致远《天净沙·秋思》这首英译散曲作品，认真寻觅中西方文化情怀的契合点及由此派生的相似的悲欢感、成败感、归属感和离散感等，用自己的画笔准确地表现了世人皆可感知的飘零之苦和孤独之痛。碧霞的画作表明：可将人类普遍的情感化为个人独特的感官体验和艺术创作动因。中西方文化情怀的契合为个性显著的创意绘画源源不断地提供着丰富的灵感资源

英国美术工作者碧霞绘制的"古道西风瘦马"图

和素材，同时，个性化的创意绘画又会生动活泼地为中西方文化增色添彩。

英国学员伊恩绘制的《再别康桥》图

5. 超越性。英国学员伊恩（Ian）深受徐志摩名诗《再别康桥》的启发。他带着绘画创作的任务去反复阅读这首英译现代诗，去仔细琢磨诗中词语的引申义，超越对字面意思的关注，超越固定的文化视角，重新审视"西天的云彩""河畔的金柳""夕阳中的新娘""康河的柔波"和"彩虹似的梦"等鲜活意象，吸纳其文化精髓，进而转化为灵活的艺术"输出"——超越机械模仿，超越单一画种和画风的限制，重绘中西美韵兼备的康桥映像，生动地表述了超越时空的、维护至真至美的人文理想。

6. 虚实结合性。英国学员莫丽（Molly）的画作突出表现了虚实结合的特点：居中的硕大罐子（即：艺术的象征）是实，而周边的人类社会和自然世界景观则看似虚幻之影，江河湖海仿佛只是从罐子中淌出的涓涓细流。这幅画作的构思基于有异曲同工之妙的两首诗歌——美国诗人华莱士·史蒂文斯（Wallace Stevens）的诗歌《坛子轶事》（*Anecdote of the Jar*）

和中国诗人冯至的《14行诗》第27首。在史蒂文斯的诗中,"荒野"需要仰仗罐子"再不荒莽";在冯至诗中,那一片"泛滥无形的水"需要依赖"椭圆的一瓶",以"得到一个定型"。莫丽的画作出色地展示了艺术在人类世界的重要地位。

7. 风格多样性。绘画风格,当然是因人而异的。在帮助英国学员以英译汉诗为基础进行创意绘画的过程中,尊重学员个性和绘画风格多样性,进而鼓励差异性,激励创新性是尤为重要的。如果说绘画理论与绘画实践相结合的道路永远是一条最佳的道路,那么,引导学员以独特的个人风格去从事绘画实践往往是这条最佳的道路的起点。下面的三幅画作基于同一首英译汉诗《春晓》,出自三名不同的绘画者之手——第一幅的作者是经验颇丰的碧霞,其余两幅的作者则是十几岁的初中生。仅就绘画技巧而言,这几幅画作肯定有高下之分,然而,就生动性和独特性而言,它们各具特色,独自显现一种个人风格。

英国学员莫丽绘制的中西诗情画意融合图

英国美术工作者碧霞绘制的"花落知多少"的意境

英国中学生绘制的"花落知多少"的意境之一

英国中学生绘制的"花落知多少"的意境之二

由此看来，中国画艺术的学习可赋予英国学员多种辩证的美学启迪、文化体验和认识乃至跨文化感悟——新鲜感、历史感、自由感、雅致感、具象感、抽象感、形似感、神似感、实体感、空灵感。几乎所有中国画培训班的英国学员都最爱写意画（freehand brush painting）。他们明确表示自己在写意画的试笔过程中真切地感受到了手的自由、眼的自由、头脑的自由和心灵的自由。大学艺术学院陶瓷专业的研究生也从写意画试笔的自由挥洒中找到了自己毕业作品和毕业论文的新创意。此外，中国画艺术的影响可通过孔子学院"中国日"等活动辐射至英国中小学，中国画试笔实践可成为英国少儿美育的一个组成部分，逐步建立起一个激励英国中小学生发挥想象力和创造力的美育新机制，使他们在挥毫作画的过程中获得愉悦感和成就感，进而成为中国艺术和文化的喜爱者，以利于今后参与相应的可持续发展的中英跨文化交流。

在当代，中国画艺术自身的更新和升级可进一步调动英国学员试笔的积极性。身处信息技术发达社会的英国学员特别喜欢动态中国画和中国画动画片。我经常选取相关的优质网络资源，在课堂上为学员展示传统中国画与当代科技相结合的精品，如：中国画动画片《山水情》《绝弦》《贵妃醉酒》《鱼戏莲》《梦江南》等。学员由此看到了中国画艺术的自身发展，甚至也发现了中国画艺术广泛应用于当今公益广告和商业广告之中的前景。大家共同期待推陈出新的中国画艺术在异域继续散发优雅的浪漫气息，继续传递恒久的人文关怀的温暖和感动。

孔子学院故事系列

中方院长是什么？

孙倩

天津外国语大学国际交流学院副书记兼行政副院长。2012—2017年担任韩国顺天乡大学孔子学院中方院长。

冰盘铺路，雪覆牙山，一年严冬又至，坐落在韩国忠清南道大山之中的顺天乡大学地处西海岸的迎风坡上，每到冬天就变成了一个冰雪王国、银白世界。往日嬉闹喧哗的校园随着寒假的到来瞬间安静下来，融入这冰封的世界。同顺天乡大学共同作息的这个山中小镇也仿佛随即进入了休眠状态，冷清成了此刻的主旋律。在这白雪覆盖的山中校园却有一抹亮丽的红色，为这冰雪小镇平添了一丝生气——那就是顺天乡大学孔子学院。

韩国顺天乡大学孔子学院成立于2007年，已经走过了10个年头，曾经三次获得先进孔子学院，中方院长获得一次孔子学院先进个人的荣誉。在遇到诸多发展瓶颈的情况下，不断探索，充分发挥桥梁纽带作用，积极拓展校际交流和地区间合作项目，努力成为两所主办校深化合作的增长点和天津、牙山两地交流项目的孵化器。迄今为止顺天乡大学孔子学院拥有一个研究所和两个下设课堂，业已形成"一主两翼"的办学模式：一主即以孔子学院为主体开展汉语专业公共课等大学学分课程，进行语言文化教学研究，规范教学管理以及进行师资的培训和实习等；两翼即以"中国学研究中心"为一翼开展各类学术相关活动；另一翼则是以三个下设孔子课堂为中心各自辐射一方开展中小学汉语课并面向市民开展各类文化活动。如此掎角之势，彼此呼应，互为依托，各有侧重，各有特色，资源共享，优势互补，逐渐形成一个集教学、科研、培训、文化活动于一身，功能齐全的汉语教育基地。我是该院的第三任中方院长，2012年一头扎进这顺天乡，转眼已经第5个年头了，5年来我总在问自己一个问题：中方院长是什么？

中方院长是什么？对于孔子学院是管理者也是执行者。行政方面，日常行政、人事管理、财务管理、档案管理、后勤管理、图书管理、安全管理等要样样拿得起。报需求、办手续、制报表、做预算、整档案、写新闻、理图书、查消防、做预案，有时是搬运工，有时是维修工，有时又当清洁工，工种不定，样样能行。在孔子学院发展过程中，建章立制至关重要，"教授汉语，传播文化，协力地方，共建和谐"是顺天乡大学孔子学院的办学宗旨。也就是说要以教授汉语知识为基础，以传播中华文化为己任，以协力地方教育为手段，以共建和谐为目的，立足汉语教学，组织文化活动，联合当地政府，开拓多种模式，打造品牌项目，增进中韩友谊。在此基础上还制定了今后的发展规划，编制了第一部《孔子学院管理制度汇编》，今后将在实践中不断修改完善，做到有章可循，有法可依，真正实现制度规范下的可持续发展。

教学方面，课程设置、培养方案、教务管理、考试管理、评教机制桩桩件件牢记于心，有时是大学讲台上不苟言笑的教授，有时又是孩子咿呀学语的辅导阿姨，各种课程都能胜任。顺天乡大学孔子学院以大学学分课为主干课程，兼有中小学兴趣汉语课以及成人汉语课等课程，平均每年注册学员2500人次左右，成立10年来，孔子学院立足牙山市辐射忠南区，成为当地不可多得的汉语教学基地和语言服务中心。

文化活动时，中方院长是策划、是编导、是舞美、是灯光音响、是服装道具，台上能拉会唱，台下能说能讲，一专多能，随应八方。听，"bo——po——mo——fo——"从稻田边的小学传来孩子们的咿呀学语；大学校园里话剧《雷雨》已经拉开

执教韩国顺天乡大学公共汉语课

了序幕；下设课堂"山海关"的墙壁上又多了几只可爱的熊猫；文化体验课上各色水果串成了糖葫芦。寒假里尽管正规的大学课程已经结束，但是"放课后"（中小学汉语课程）还有"山海关"（面向市民的汉语课程）、文化体验还在有条不紊地进行着。

中方院长是什么？对于韩方院长是合作者也是协调人。中外方院长的配合关系到孔子学院的成败，中方院长是桥梁是纽带，是沟通理解的金钥匙，是文化磨合的润滑油，是有序运行的黏合剂。在韩国这样的男性中心社会，作为女性院长更要了解文化，懂得策略，用智慧，用真诚，用耐心，甚至用眼泪，春风化雨、润物无声地完成我们的使命。我和我的搭档共同奋斗了5年，同甘苦共患难，早已结成了同志加兄弟般的友情。我们的顺天乡大学孔子学院，在当地小有名气，学生们都喜欢，教授们都熟悉，市民们都知道。在这里，孔子学院真正成了连接中韩友好交流的一座金桥，耕耘着汗水，收获着友谊。2017年2月22日牙山市教育厅厅长向我颁发了感谢牌，2017年4月3日牙山市市长亲手授予我"牙山市荣誉市民"称号，以表彰我和顺天乡大学孔子学院近年来对牙山市中小学来华交流所作出的突出贡献。

韩国忠清南道牙山市市长颁发奖状

中方院长是什么？对于年轻的志愿者教师是领导是老师更是妈妈。带领一群80后90后的孩子在异国他乡摸爬滚打，要约束，要管理，更要关心，要照顾。工作的时候，作为领导约束行为，规范管理；作为老师言传身教，耐心辅导。在生活中，生病了要当护士，节假日变身厨师。郁闷了帮忙开导，纠结了帮忙梳理，哭了哄，急了劝，还要做矛盾调解员。自己的孩子扔在了国内，来到这里却给他们做起了临时妈妈。这也难怪，孔子学院十几个人却要应对平均每周16小时的课程和各种大型活动，全天待机，随时待命。我们的团队经受住了各种考验，在这样的团队里这些80后、90后们迅速成长为精诚团结、脚踏实地、作风过硬的"顺天乡孔院人"。今年是韩国顺天乡大学孔子学院建院 10 周年，孔子学院利用寒假进行了整体的提升改造。为了节约成本，自己动手，丰衣足食，在短短几周内我们变身搬家公司，搬运整理了教材图书近万册，拆装电脑 50 余台，各类文化体验用具不计其数。老师们自嘲道，身在孔子学院必须"教师、厨师、工程师，事事能干；电工、钳工、搬运工，种种精通"。

孔子学院的老师们搬家

中方院长是什么？是定海神针，是压仓基石，是孔子学院的灵魂所在！随应八方事，炼得百变身。回望这 5 年来走过的路总有一种恍如隔世之感，我已然走过来了，我竟然走过来了！当年带着教授汉语、传播文化，为中华之崛起而奋斗的理想奔赴异国他乡，来到孔子学院，现在就要到了离开的时候了，就像是又要离开自己的另一个孩子般……为什么我的眼里总是饱含泪水，因为我对你爱得深沉！也许就是这样一份使命感让我以及我们无数中方院长义无反顾地投入进去，坚持了下来。不忘初心，方得始终！

中巴民间外交的重要名片
——记里约热内卢天主教大学孔子学院

乔建珍

河北师范大学外国语学院副教授。2012年至今,担任巴西里约热内卢天主教大学孔子学院首任中方院长。

我与葡语国家孔子学院

时光飞逝,截至 2017 年 4 月 19 日,我在里约热内卢天主教大学孔子学院(以下简称"里约孔院")任职已满 5 年;而从 2005 年巴西孔子学院的立项开始接触孔子学院工作则是有近 12 年的时间;从 1999 年开始我与葡语结缘已近 19 个春秋。作为葡语国家孔子学院中为数不多的、以葡语为主要工作语言的中方院长,我为自己这些年在葡语国家孔子学院工作中所做的一切感到开心。

里约孔院由孔子学院总部/国家汉办和巴西里约热内卢天主教大学(以下简称"里大")签约成立,中方合作院校是河北师范大学。2010 年 10 月 20 日双方签署协议,2011 年 8 月 31 日正式揭牌运营。我于 2012 年 4 月 20 日到岗至今。2017 年 8 月里约孔院即将度过自己的 6 岁生日,6 年来里约孔院为汉语在巴西的传播以及中巴教育、文化、体育交流作出了重大贡献,成了中国民间外交的一张重要名片。

里约孔院开设课程——涵盖面广、层次多

孔子学院的主要任务是传播中国语言和文化,教好中文是我们的立命

之本。自成立之初，里约孔院努力贯彻"本土化"发展策略，在了解当地教育体系、尊重当地文化及法律等前提下，一步一个脚印地走，先后开设了一系列汉语课程。

里约孔院从开设之初就立足于服务所在学校的师生，先从本科生和研究生的"中国语言与文化"Ⅰ级开课，到目前为止，"中国语言与文化"课程Ⅰ～Ⅳ级及用葡语讲授的"中国文化介绍"课程都纳入了里约热内卢天主教大学的学分制体系，成为选修

2013年6月10日，里约孔院与里约州政府签字建葡中双语学校

课程，而且"中国文化介绍"是目前巴西孔院中唯一一门用葡语讲授中国文化的课程，而这门课程一直由担任中方院长的我主讲，内容涉及中国历史、地理、哲学、宗教、移民、中医、电影、美食、武术、服饰和各种新闻话题等。除了文化课，我们也根据巴西的特色，开展了乒乓球、羽毛球、踢毽子等体育课程及葫芦丝、剪纸、中国书画课程，深受学生欢迎。

2012年，里约孔院在教好选修课的基础上，和学校人力资源部联合为学校教职员工免费开设了"中国语言与文化"课程，共有25名学员，均来自学校的不同部门，这极大地提高了孔子学院在学校的知名度和影响力，方便了孔子学院在学校的工作。

除了做好所在大学的工作，里约孔院还积极和当地政府合作，积极融入当地的教育体系。2013年6月10日，经过3个多月的多次协商后，里约孔院和州政府在里约州长宫签署了合作协议，将"中国语言与文化"课程纳入里约州立职业学校的正式课程体系，这在巴西历史上尚属首次。在此基础上，2014年9月23日，里约孔院、里约州政府、河北师范大学三方合作的全新学校——葡中双语学校大楼正式举行了隆重的揭牌仪式。2015年2月巴西历史上第一所"巴西葡中双语学校"正式纳新，迎来第一批3个班72名学生，这既符合巴西语言教学班24人的惯例，也符合"孔门七十二贤"的说法。巴西第一所葡中双语学校正式进入运行阶段，这标志着中巴教育文化交流进入了一个新的阶段。

2014年9月23日，中葡双语学校揭牌现场

目前，里约孔院在和里约热内卢市及尼泰罗伊市政府积极协调，争取2017年将中文教学纳入两市初中及小学的教学内容。

立足里约热内卢天主教大学，辐射周围的州和联邦大学也是我们的工作目标。2013年开始我们和圣灵州联邦大学一起开设了实验性的课程，2014年11月，里约孔院在圣灵州联邦大学举办了首次中国文化周活动，这是充分落实2014年7月国家主席习近平访问巴西时两国领导人见证签署的"在巴西联邦大学开设汉语课程"协议的前奏，时任中国驻里约热内卢总领事宋扬到会并发表有关中巴关系的讲座，在当地引起了不小的反响。2015年2月，正式在圣灵州联邦大学开设了中文教学点。

2014年9月10日，我们和里约热内卢联邦大学的亚洲研究所合作开设了针对性的中文教学课程。2015年4月，在戈亚斯州阿纳波利斯市的福音派大学开设了汉语课程。能在宗教信仰不同的其他州的大学

汉语教学点启动仪式现场

开课，这也充分体现了坐落在天主教大学的里约孔院的开放性与包容性。

揭牌5年多来，里约孔院在办学规模、办学层次、课程开设、教学质量等方面都有了很大的提高，教学点由原来位于里约热内市的2个扩大到了分布在3个州的6个，涵盖联邦大学、私立大学及高初中。除继续为其所在大学的本科生、研究生和国际交换生开设学分制课程——"汉语""中国文化介绍"及为里约州立职业学校开设的"中国语言与文化"课程外，里约孔院在另外两个州——圣灵州和戈亚斯州开设了新的教学点，以满足不同州、不同层次的巴西民众对学习汉语和了解中国文化的需求。圣

灵州联邦大学教学点的开办是充分落实国家汉办和巴西教育部于2014年7月签署的在巴西联邦大学开设汉语教学课的首个举措。对此，新华社、孔子学院总部/国家汉办网站主页以"学中文为认识世界打开新窗口"为题进行了报道。戈亚斯州阿纳波利斯福音派大学的汉语教学点2015年4月启动以来，深受州政府和当地市政府的重视。这也是他们自20世纪90年代和河北省建立友好省州关系以来第一次将汉语纳入学校课程。汉语课程的引入让他们颇为自豪。2017年5月，在里约孔院的协调下，戈亚斯联邦大学和河北中医学院签署了共同建立中医孔子学院的协议，将在该大学率先开设中医中文教学，为中医真正走入巴西联邦大学打好基础。

根据巴西的实际情况，目前里约孔院在和巴西各级部门加强合作，先和里约热内卢市政府合作，争取将中文教学率先纳入里约热内卢市的义务教育体系，为在巴西中小学开展中文教学"破冰"，使汉语教学真正实现"从娃娃抓起"，进而推进将孔子学院的课程纳入全巴西基础教育阶段的教学过程，为孔子学院的可持续发展奠定基础。

里约孔院教师参加法国学校的国际日活动现场

随着越来越多中资企业进入巴西，巴西企业走向中国，里约孔院也开始和企业进行合作，为中资企业培训培养懂汉语、懂中国文化的巴西人，助力中资企业在巴西的本土化。目前和中海油、中石油、中国银行及山东科瑞的合作都十分成功。同时我们也利用地理位置优势，努力使孔子学院"国际化"，在英国学校、美国学校、法国学校、日本语学校开展活动或教学；并与巴西海军学院、陆军学院开展合作。

文化活动多种多样

除了上好语言及文化课程，里约孔院还立足当地，积极开展一系列多种多样的文化活动。2012年，里约孔院举办了"红色交响曲"图片展和第一届中国文化周活动，开设了"功夫班""太极班"、书法体验、茶文化体验等文化活动，举办了中国古典文学翻译、中巴关系等5场主题讲座，引起了不小的反响。2013年6月，中国文化宣传走进里约州的职业高中；7月，里约孔院参加了由里约州政府组织的"艺术周"活动，其中，剪纸、折纸等中国文化活动引起了中学师生及家长的极大兴趣。

2014年11月 宋扬总领事与UFES校领导、乔建珍院长等合影

2014年4月，我们在里约热内卢市北部的贫民窟区学校举办了一次大型文化活动，包括孔子学院介绍、"迷你"汉语课、太极拳表演、葫芦丝表演，使里约贫民窟区的孩子首次在自己的学校里接触到中国文化。

2014年在圣灵州联邦大学举办了该校历史上首次"中国文化周"活动，活动内容包括系列讲座、中巴建交40周年图片展、电影周、中文体验课等，时任中国驻里约热内卢总领事宋扬到场并就中巴关系做了讲座，70多岁的著名中巴关系专家Severino Cabral受邀助阵并为师生献上了一场内容丰富的讲座。

2015年我们先后在4个城市的中学、大学、博物馆举办了5场"四季中国""魅力中国""中国传统体育"图片展；在尼泰罗伊人民剧场组织到访的国家汉办"三巡"演出团。为庆祝里约孔院4周年组织了"中国文化月"系列活动，其中包括将舞龙舞狮引进校园的开幕式、高端讲座5场以及电影周等,此次活动得到了中国使领馆及所在学校领导的支持。

除了单独组织有关中国的文化活动外,我们也一直奉行利他主义的原则,积极融入所在大学及城市的活动,每年都认真参加学校组织的"里大开放日""里大就业洽谈周"等活动,孔子学院的所有活动都深得校领导好评。我们积极参加了2014年世界杯、2015年奥运场馆测试赛及2016年奥运会的服务工作;并和里约热内卢奥组委合作将中国羽毛球队带入了奥运服务社区的工程——奥运学校,并准备2017年7月开始将中文课程带入贫民窟中的奥运学校、羽毛球学校,为里约社区的改变尽自己的社会职责。

2015年8月31日里约孔院4周年庆典舞狮

2015年8月23日里大就业洽谈周,与校长合影

2017年4月孔子学院走入贫民窟羽毛球学校

中巴教育交流项目

国之交在于民相亲,民相亲贵在心相知。教育也是中巴交流的一个重要部分。为了让巴西的师生及教育工作者更直观地了解现代中国,了解中国的教育体制,更好地在中巴教育交流间发挥作用,里约孔院组织了不同层次的学员及教育工作者组团赴华进行为期长短不一的访问,取得了丰硕的成果。

2016 年里约孔院足球夏令营走进国家汉办

2013 年 7 月，我们组织了首届"里约孔院夏令营"活动，来自巴西 3 个州 4 所大学的 20 位孔子学院学生度过了为期两周的中国文化体验之旅。访华归来，他们便开始在各自的州、大学着手有关中国的宣传。

接下来，2014—2015 年我们又组织了两次大学生夏令营活动，均得到了非常好的效果。2017 年的夏令营团即将出发，进行 3 周的中国语言短期培训及文化参观体验。参加过夏令营的师生已经成了在各州宣传中国的一支重要力量。

2016 年 9 月，在成功组织三届大学生"夏令营"的基础上，我们组织了全球孔院第一个"中学生足球夏令营"访华。短短 12 天的时间里，我们走访了 3 个城市，踢了 6 场友谊赛，参观了 6 个博物馆，拜访了国家汉办以及 6 所大中小学，参观了长城、故宫、鸟巢，体验了中国中秋佳节的浓浓氛围并和新疆和田二中的孩子们进行了视频互动，相互介绍彼此的文化。巴西营员们对现代中国及中国校园足球起步的规模有了充分了解，收获满满，并开始期待下次来华，甚至来华求学，进一步实现自己的"中国梦"。2017 年我们的第二届中学生"足球夏令营"中除了男子队，也增加了一支女子队伍，相信这支队伍的访华定将对中国校园足球水平和巴西校园女子足球教育水平的提高、中巴足球教育交流的发展起到很大的推动作用。

除了"夏令营"活动，我们还根据国家汉办的规定组织巴西教育官员及教育工作者访华。2013 年 10 月，我们组织了巴西有史以来的第一个教育工作者访华团,该访华团以里约州教育厅厅长和一位联邦议员为领队,共11人。在为期10天的行程中,访华团参观访问了河北省高校、中小学、双语学校以及河北省和巴西业务有关的知名企业英利集团、巨力集团,拜访了河北省教育厅、国家汉办、巴西驻华使馆等。此次成功访华对日后建立"巴西葡中双语学校"起到了决定性的作用。

2013年10月里约孔院教育工作者团在国家汉办

2013年10月巴西教育工作者团在河北省教育厅

鉴于葡中双语中学的成功运作,该校开设一年后已成了巴西中学教学国际化的一个典范,不同州的教育厅厅长们先后前来取经,要求成立一模一样的葡中双语高中。为此我们组织了巴西第二支教育工作者团暨第一支巴西教育厅厅长团于2016年10月成功访华,团员包括4个州的教育厅厅长或副厅长、巴西教育部官员、巴西最有名的教育咨询机构负责人、巴西著名的教育理论工作者等。访华期间,该代表团访问了河北省教育厅、河北省不同特色的大中小学(包括校园足球基地)、国家汉办、巴西使馆,参加了河北省举办的中巴高峰论坛及在石家庄外国语学校举办的全球基础教育联盟第二届会议,并在中国社科院和几所大学做有关巴西教育的讲座。该代表团的访华对中巴两国的教育交流具有里程碑式的意义,代表团的归来为推动中文及中国文化在巴西中小学的传播起到巨大的积极作用。

2017年5月11日巴西大学校长团访问国家汉办

为落实2014年国家汉办和巴西教育部签署的有关在巴西大学开展

中文教学和 HSK 考试的协议内容，在总结前两届教育工作者团经验的基础上，2017 年 5 月，我们和巴西大学科因布拉集团联合举办了巴西第三届教育工作者团暨第一个巴西大学校长团。代表团由巴西大学科因布拉集团执行主席率领，15 名成员包括来自巴西 12 个大学的校长、副校长、国际处处长等。他们既有来自联邦大学、州立大学的，也有来自私立大学的，涵盖了巴西东西南北中 5 个区。他们走访了河北、北京的近 10 所大学，签署合作协议 6 个（其中包括共建中医孔子学院、体育孔子学院的意向各 1 个），参观博物馆 6 个，还参观了图书馆、中国国画展、赵州桥、柏林禅寺、故宫、长城等名胜古迹，拜访了国家汉办、国家留学基金委、中国社科院、巴西驻华大使馆等，并受到了巴西驻华大使的接见。

同时，我们也在努力推动中巴两国教育部的交流与合作，促成巴西教育部长 2017 年 10 月份的访华，努力促进实现中巴两国学历的互认。

"汉语桥"中文比赛

里约孔院从 2012 年以来积极参加"汉语桥"世界大学生中文比赛。2014 年，里约孔院的推荐选手施茉莉获得"汉语桥"全球总冠军，这也是拉美选手第一次获此殊荣。

2015 年巴西第一届"汉语桥"中学生中文比赛

2014 年，里约孔院积极推动巴西中学生选手赴华观摩"汉语桥"世界中学生中文比赛。2015 年 8 月 30 日，在中国驻巴西使领馆的大力支持下，里约孔院承办了第八届"汉语桥"世界中学生中文比赛暨巴西第一届"汉语桥"中学生中文比赛，此赛事集中展示了巴西中学生中文学习的最高水平和现状。令人兴奋的是，在前6名选手中有5名出自我们的巴西葡中双语中学。有3名选手实现了自己到中国去的梦想，这是巴西教育史上前所未有的事情，在巴西当地引起了极大的轰动，媒体争相报道。

2016年我们继续承办了巴西的"汉语桥"中学生中文比赛。4名赴华选手中有2名来自我们的双语中学，除了中国的媒体外，巴西当地媒体 *Globo*、*Extra*、*Piaui*、里约州政府网站、尼泰罗伊当地报纸都对"汉语桥"活动进行了报道。

到2016年10月，巴西中学生"汉语桥"项目一共将10个巴西中学生和3名教师带到中国参与此项目。他们也已经成为在巴西推动该项目的一支主要力量，其中几位学生正在准备HSK（汉语水平考试）V和HSKK（汉语水平口语考试）中级考试，准备2018年来华攻读学士学位。这也将会是巴西第一批来华攻读学士学位的应届高中毕业生。

奖学金推荐

语言学习是个持久的过程，而且需要良好的语言环境。为此国家汉办的奖学金项目也成了巴西学生进一步提高汉语水平、了解中国文化的一个主要途径。从2012推出第一个里约孔子学院奖学金获奖学生至今，里约孔院已经推荐了50名左右的奖学金获奖学生赴华参加为期分别为4周、1学期、1学年、4年本科等的学习。我们推荐的首个赴华攻读本科学位的学生也是巴西第一个攻读对外汉语专业学士学位的学生。

在推荐巴西孔子学院奖学金获奖学生赴华修读语言课程的同时，里约孔院还充分发挥其平台作用大力宣传国家留学基金委的奖学金项目，我们帮助推荐的一名硕士生毕业后曾在人民日报社工作，现供职于新华社，在中巴宣传工作中起到了很重要的作用。

交流的持久在于互动。为此我们也努力推动中国学生来巴学习，大力宣传巴西的奖学金项目，并将一些中国学生成功引进到巴西来攻读博士学位。目前已有十几所大学及研究机构表示愿意接受中国学生来就读。

孔子学院自身师资建设

孔子学院发展的一个关键因素是师资，没有合适的师资就无从保障教学质量。为此,里约孔院做了一系列的努力以求教学质量的稳定和发展。

首先,针对国内派出的志愿者教师开展相应培训。志愿者教师多数是国内大学在读的硕士生和应届本科毕业生,派出前他们基本不懂当地语言,一般没有教学及工作经验,而巴西人的英语水平普遍不高。为了使他们尽快熟悉环境,进入工作状态,我们积极协调了各个开设汉语课程的大学,免费为新来的志愿者提供葡语课程,以帮助其尽早突破语言关,尽快投入工作。另外,针对志愿者缺乏教学经验的问题,我们采取了一系列措施,如每周集体备课、相互听课、以老带新做好"传帮带"等,还通过视频备课将本部和其他州教学点的教师紧密联系在一起,相互切磋,共同备课,畅谈经验教训。这大大提高了教师的教学积极性和主动性,从而提高教学质量,深得学生好评。

另外,孔子学院的可持续发展还需要培养大量的本土教师。从2013年起,我们开始启动本土教师培训计划,至今已聘用过5名本土教师,为他们提供多次在岗、脱岗培训。这也在很大程度上提高了孔子学院的本土化水平。

由于里约孔院独特的地理位置,各种接待任务较为繁重,在不同的接待过程中,志愿者老师们也得到了充分的锻炼,为他们以后参加类似的活动打下了基础。

教材及出版物

教师和教材是教学的两大要素,二者缺一不可。为了解决巴西汉语教学中教材针对性差的问题,我充分利用自己熟习葡语的优势,从2005年开始参与目前国内出版的唯一一本针对巴西学员的教材《精英汉语》的学生用书、教师用书及练习册的翻译工作。

2014年里约孔院承担了国家汉办的课题,参与了《跟我学汉语》第二、三、四册的改编翻译,本套教材

由乔建珍主要翻译的《巴西眼中的中国》

预计 2017 年 8 月全部出版。此外，里约孔院正在筹划远程课程以方便巴西不同地区的汉语学习人员。

2015 年由我主要翻译的《巴西眼中的中国》葡中双语版在巴西出版，这也是此类书籍中第一本以巴西人的视角看中国。目前里约孔院正在进行的其他课题是翻译巴西人编写的《中国海上丝路上的巴西》及主题沙龙"讲好中国故事之讲述中拉故事"的巴西部分。

我们根据巴西的教学特色，正在筹划编写《商务汉语》《旅游汉语》教材，希望不久的将来会在两国出版。同时，也在积极筹划《中国通史》和《中拉文明互鉴》的葡语翻译。

参加大型国际学术会议

作为目前巴西孔子学院中方院长中唯一一位能熟练使用葡中英三语工作的院长，我也多了很多其他孔子学院没有的工作，如参加大型国际教育会议。其中典型的是巴西大学科因布拉集团会议、巴西当地有关大学国际化和有关中国的学术会议、大学校长会议以及金砖国家教育部长会议。从 2011 年的参与，到 2013 年代表孔子学院参加会议以来，我每年都会受到主办方巴西大学科因布拉集团的邀请，参加这个有 77 个巴西大学加盟，38 个国家大学校长、国际处长、各国驻巴西使节、巴西教育部、外交部、巴西高等教育人才促进委员会等代表参加的大型会议并和其他国家的语言推广机构（法语联盟、英国文化委员会、歌德学院、塞万提斯学院、卡蒙斯学院等）同台发言。这极大地提高了孔子学院的知名度和影响，也为巴西大学的国际化增加了有分量的一笔，深得巴西教育部、外交部教育司及与会各国代表的好评。

成就——获中巴双方奖项

里约孔院运营 5 年多来，在教学、文化推广、中巴教育文化体育交流及中医走向巴西的过程中正发挥着越来越重要的平台作用，取得了令人瞩目的成绩。目前，里约孔院的工作已得到中巴双方的广泛认可。第一，我们面向全校学生开设的课程全部被纳入学分制选课系统；第二，课程设置不断完善，课程门类不断增加。除了普通汉语课程外，我们还开设了"商务汉语""书法与国画"等课程；第三，办学规模稳步提高，生源多样，覆盖范围不断扩大,并得到大量巴西网民的支持;第四,在巴西乃至整个拉美地区的影响力不断提高。

除了日常的教学工作外,里约孔院还参与一系列大型活动和会议的筹备及接待工作,如2012年的联合国环境发展大会、2013年的联合会杯、2014年的世界杯、2014年的金砖国家巴西峰会、2014年中巴建交40周年系列庆祝活动、

2014年12月7日里约孔院获年度优秀孔子学院称号

2015年奥运测试赛、2016年里约奥运会志愿者项目等。里约孔院扮演着民间大使的角色,以自身特有的魅力促进着中巴两国的交流与合作。国内外媒体曾对里约孔院的工作进行过多次报道,其中不乏《人民日报》《中国日报(美洲版)》、CCTV、新华社、《今日中国》《世界教育通讯》《发现》等中国媒体,巴西最有影响力媒体——《环球报》、Extra 以及巴西的《南美侨报》《孔子学院》杂志葡文版等。

2014年6月乔建珍院长喜获巴西劳工部五一劳动勋章

2014年11月,我接受巴西影响最大的媒体——《环球报》(O GLOBO)专访,专访内容以"汉语将成为巴西第二语言"为题,该报道在巴西引起了极大的轰动。

2014年12月,在厦门举办的第九届全球孔子学院大会上,巴西里约孔子学院获得"年度优秀孔子学院"称号,是当年美洲地区唯一一所获此殊荣的孔子学院。

2015年12月,我获得全球"孔子学院先进个人"银质奖章和证书,是当年美洲孔子学院唯一一位获奖的中方院长。2016年3月,由于为中巴交流作出的突出贡献,我获得里约市议

会议案通过的表彰证书。

里约孔院成立5年多来从一个呱呱坠地的娃娃一步步地长成了一个健康的小伙儿,在一天天健康茁壮地成长着,真正地逐步实现着本土化,成为中巴之间交流的一个重要的立体平台、一张中国走向巴西的响亮名片。"有事情,找孔院"也成了巴西很多人的一个共识。孔子学院正在日复一日践行着中国民间外交大使的功能。

孔院学员在首届全球孔子学院日认真写毛笔字

那两年

孙维霞

北京舞蹈学院人事处副处长。2012—2014年担任英国伦敦大学金史密斯舞蹈与表演孔子学院首任中方院长。

前言

不知不觉,又是一个落英缤纷、芳菲将尽的人间四月,恍惚间从遥远的他邦英国回到祖国工作已经两年多了。此次受华南理工大学国际学院刘程院长之邀,重拾在英国孔子学院工作的那些记忆,往事历历在目,仿佛又奔走在异国的土地,步履匆匆,任重道远……

2012年6月,北京舞蹈学院与伦敦大学金史密斯学院合作共建的伦敦大学金史密斯舞蹈与表演孔子学院在伦敦揭牌成立,这是世界上第一所以舞蹈与艺术为特色的孔子学院。

伦敦大学金史密斯舞蹈与表演孔子学院揭牌仪式

同年10月,我作为首任中方院长,忐忐地踏上了异国之旅。此去经年,方知远方不只有诗,还有千山万水的重重困难与挑战,好在我们一路披荆斩棘,用努力和担当收获和成就了人生中的那两年。

工作篇

招生教学 开疆辟土

作为一所新建的孔子学院,一切从零开始,无论是课程设置、招生宣传还是教学管理等工作都在我们锲而不舍的摸索中成长。两年的时间里我们成功开设了大学的学位学分课程和多门类、多层次的社会培训课程。

1. 学位学分课程

在英方院长 Annie Guo 的带领下，全体孔子学院老师共同努力，经过精心的策划、研讨、论证和多轮的协商与谈判，我院的汉语学位学分课程最终得以在 2013 年 9 月顺利开课。这是我院与金史密斯学院政治系合作开设的 4 年汉语学士学位课程。

孔子学院教师在商场表演

同年，我们又成功地将汉语课程加入大学公共选修课。谁都知道将汉语课程纳入英国当地大学的学位学分课程有多么困难，这在当时英国的孔子学院中屈指可数，是伦敦大学金史密斯舞蹈与表演孔子学院具有里程碑意义的大事，极大地保证了伦敦大学金史密斯舞蹈与表演孔子学院的可持续发展，不被边缘化。

孔子学院教师在中小学进行武术表演

孔子学院教师在壳牌伦敦公司做中国武术的推介

2. 社会培训课程

作为一所有艺术特色的孔子学院，我院先后开设了汉语、中国舞蹈、中国民族乐器演奏、中国功夫等社会培训课程。为了节约宣传费用，我带领孔子学院的老师们深入到伦敦的中小学、社区、企业甚至商场、公园等地方，进行表演、推介、发传单、搞活动，吸引了不同年龄段的社会人员报名学习。

令我印象最深的是我们的汉语儿童班。那是2013年的元宵节，我们在Lewisham购物中心进行孔子学院课程的宣传演出，正在逛街的Cindy（新加坡人，2个孩子的妈妈）和Nicole（美国人，3个孩子的妈妈），被我们的宣传吸引，希望她们的孩子能学习汉语。第二天，我们相约在一个咖啡店，一顿简单的下午茶之后，我们便谈妥了具体的合作内容，Cindy和Nicole负责场地和组织学生，伦敦大学金史密斯舞蹈与表演孔子学院派教师来给孩子们上课，每期免除她们一个孩子的学费。Cindy是个能干的家长，很快找到了社区教堂

汉语儿童班春晚表演

的一间房子免费给我们做教室，并且义务地做起了助教，帮助制作道具、维持纪律等，Nicole更是热心，发动了左邻右舍的孩子前来上课。一个由10名4～8岁肤色各异的孩子组成的汉语儿童班有模有样地成立了。孩子们天真活泼，汉语学得又快又好，从此成为了伦敦大学金史密斯舞蹈与表演孔子学院每年春节晚会耀眼的明星。

文化活动　异彩纷呈

作为一所有艺术特色的孔子学院，组织文化活动是我院的强项，两年下来，已记不清我们一共组织了多少次大大小小的文化活动。归纳起来主要有大型文艺演出类、节日类、"中国日"类等文化活动。

1. 大型文艺演出

我和首批孔子学院的老师们就是在紧张忙碌的大型活动中融入和离开孔子学院的。

2012年我和孔子学院的老师们到达英国迎接的第一场文化活动便是在

伦敦 Cadogan 剧院隆重举行的由中央音乐学院演出的"永远记住他们"大型音乐会。

为了准备好这场音乐会，飞抵伦敦的第二天，我便和孔子学院的同事们到 Cadogan 剧院现场开会，安排部署音乐会的演出。

"永远记住他们"音乐会

随后的一周，我们白天上班准备演出事宜，晚上跟着中介到处找房子租住，终于在演出的前一天找好了房子入住。我一大早来到剧院，布置会场、分配任务、联络演员、组织彩排、迎接嘉宾，安排舞台、后台、大厅、衣帽间、化妆间、贵宾室、嘉宾席事宜，林林总总。终于，随着前台华丽的谢幕，演出完美收官。提着的一颗心终于放下了，在后台跟同事们将收尾的事务收拾妥帖，赶在地铁下班前的最后几分钟冲上地铁再转乘公交车回家。下了公交车，左看右看，却找不到家。刚在新家住了一天，周边一点印象都没有，拿出早上出门前记下地址的小纸条，问过往的路人，全都微笑摇头，没有人知道。同住的同事开始紧张起来："孙姐，怎么办？家在哪里？"我却故作潇洒，虽然安慰同事，但其实自己的内心也开始紧张。已经深夜，一直找不到家怎么办？碰上坏人怎么办？后来，我们想起这几天我们一直相处的家庭旅馆老板，在他的帮助下我们终于在深夜找到了刚刚租下的在英国的家。回到家才发现，原来，早上匆忙，竟写错了地址。这场乌龙，被大家当笑话讲了两年，如今我依然记得，当晚累得沉沉睡去，梦里全是剧院人仰马翻的紧张准备和流落街头、找不到家的凄凉恐慌。

2014 年 9 月 26 日，是我们离任归国的日子。第二天，孔子学院 10 周年大型纪念活动——中国戏曲学院演出的"幽兰雅韵"即将上演。为了这场演出，我们前期筹备忙碌了两个多月，为了演出的顺利进行，我和即将离任的老师们将回国的机票定在了签证到期的最后一天。在去机场前的半小时，我还在办公室里跟新来的同事们开会，交代完最后的种种事项，终于必须得走了，起身告别，示意大家继续开会，不必送。而众人还是起身跟到了孔子学院门口，我面对大家，拥抱，挥手，祝福演出成功。

这是我记忆特别深刻的由我院承办的两次大型演出，观众都是 800 多人。这两次大型活动，对于刚到和即将离去的我和孔子学院的老师们，真是从未有过的挑战。但在我们全体孔子学院人全力以赴的努力配合下，演出很成功，引起了中外媒体的广泛关注和报道。

2. 节日类活动

中国传统节日，是我们宣传孔子学院和中国文化极好的载体和平台，2013 年 2 月 10 日，我院参加了在伦敦唐人街举行的庆新春花车游行，据说当天有 10 万人参加，是欧洲最大的花车游行。2 月 23 日，我院在伦敦 Lewisham 购物中心举办了"走进社区，欢度元宵"的元宵节庆祝活动。2014 年春节，我院组织了"马舞新春"春节晚会，邀请到了中国驻英国使馆的教育处和文化处公参、伦敦 Lewisham 区议员 Joan Ruddock 女士及金史密斯大学校长 Patrick Loughrey 等领导，与孔子学院师生及学生家长欢聚一堂，共庆中国新年。

花车游行，志愿者向观众发放象征吉祥如意的柑橘

3. "中国日"活动

两年里，伦敦大学金史密斯舞蹈与表演孔子学院共走访联系了 30 多所英国的中小学和近 10 个社区中心，组织了几十场"中国日"文化活动。在中小学，我们结合学校的 assembly（相当于"会演"）。在社区，我们借力于各种文化节，组织孔子学院老师和志愿者表演中国舞蹈、二胡、太极等传统节目，会后一般会分别开展汉语、舞蹈、二胡和中国功夫的体验课，同时进行茶艺、书法、吹画等中

二胡体验课

国文化的展示，组织学生和民众参与体验。

社区"中国日"汉语体验课

书法体验课

吹画体验课

"中国日"舞蹈体验课

　　每一场华丽风光、喧嚣热闹的文化活动，都浸透着我们孔子学院人的汗水甚至是泪水。节目策划、广告宣传、活动安排、服装道具，事无巨细，我们都周密准备，经常是活动方案几易其稿、节目内容反复推敲、广告宣传力争全面覆盖。多少个工作日的夜晚，伦敦大学金史密斯舞蹈与表演孔子学院的二层小楼依然灯火通明；多少个周末的清晨，我们准备妥当，整装待发。一场场的文化活动，如同鲜活的名片，把伦敦大学金史密斯舞蹈与表演孔子学院，把中国文化洒向了英国的普通民众，我们可以自豪地说，我们无愧于"民间文化大使"的称号！

汉办项目　全面开花

　　为了推广和宣传中国文化，孔子学院总部/国家汉办策划了多个重点项目，鼓励全球各地的孔子学院组织实施。两年来，我们积极开拓，使国家汉办重点项目在伦敦大学金史密斯舞蹈与表演孔子学院从无到有，全面开花。

1. "汉语桥"大学生中文大赛

2013年3月16日，我院参加了第十二届"汉语桥"世界大学生中文比赛全英大区赛。我们推荐的选手葛来，获得了最佳才艺奖和三等奖；推荐的教师表演的舞蹈节目《香音长绕舞蹁跹》，博得观众和评委阵阵掌声。

汉语桥比赛——驻英国使馆教育处沈阳公参（右一）、英方院长郭爱萍（左一）与选手葛来合影留念

2. 汉语水平考试

作为英国第一家也是伦敦唯一一家汉语网络考试中心，我院组织举办了多次HSK（汉语水平考试）、HSKK（汉语水平口语考试）、YCT（少儿汉语水平考试）和BCT（商务汉语水平考试），吸引了英国本土以及欧洲其他国家的汉语学习者来我院参加多个类别和层次的汉语水平考试。

3. 夏令营项目

2014年7月，我院与利兹大学孔子学院一起，与国内的对外经贸大学合作，组织了夏令营活动。我院的7名学生，在北京和西安度过了为期两周的"中国文化体验之旅"，对中国有了更加直观真切的了解。

4. 奖学金项目

2013年4月，我院经过广泛动员和宣传，成功推荐了一名英国学生申请到孔子学院奖学金，赴南京师范大学学习汉语。

5. 孔子课堂

两年来，我院共与4所中学达成建设孔子课堂的意向，共有近1000名学生学习了汉语。在3所学校开设了语言、舞蹈、武术课程，特别是在Eastboune，从1所中学辐射到整个地区近10所小学，深受学生们的喜爱。

夏令营开幕典礼（左三为中方院长孙维霞）

夏令营剪纸活动

生活篇

五湖四海　风雨同舟

伦敦大学金史密斯舞蹈与表演孔子学院的老师来自国内不同的城市和高校，老师们出国前彼此并不熟悉，到了异国他乡，我们便成了一家人，工作上互相支持和配合，生活中互相关心和帮助。尽管，面对巨大的工作压力和生活上的不适应，也偶有摩擦、误会和委屈，但是我们每个人都坚强地挺了过来，用大度和包容、真诚和爱心，温暖了对方，成就了彼此。我尤其对这样一个大家庭充满了感激之情。2013 年 11 月，当我得知母亲身患绝症后，整个人瘫软在地，神志木然，得知消息的老师们来看我，面对我的满脸泪水，老师们什么也没说，尽一切可能帮助

在孔子学院办公室

我尽快踏上回程守护母亲，并同时默默地分担了原本属于我的工作，用实际行动支持我回国陪伴母亲。在母亲离去的那些艰难的日子，又是他们陪

在我左右，给了我继续前行的力量。现在忆起往事，不免泪眼婆娑，既思念母亲又感谢在伦敦大学金史密斯舞蹈与表演孔子学院的每一位"家人"。同样让我感受到亲人般温暖的还有英国兄弟孔子学院的中方院长们（英格兰利兹大学孔子学院的王波院长、苏格兰中小学孔子学院的马萍院长、威尔士班戈大学孔子学院的张丽英院长、北爱尔兰阿尔斯特大学孔子学院的邵红松院长等）。我们2012年7月在大连外国语学院中方院长培训班上同窗共读，一同来到英国成了亲密的战友和同事，无论在工作上还是生活上，他们都给予我鼓励、帮助和爱护。来自五湖四海的我们历经风雨，不改初心，一路前行，同舟共赴在孔子学院事业的伟大征程中！

万水千山　走遍英伦

读万卷书，行万里路，一直是我的人生追求。

念念不忘，必有回响。我多年的夙愿终于得以实现，作为一个爱书之人，我还远远没有读过万卷书。走出国门，来到英国工作，却给了我行万里路的机会。那两年，我利用一切假期和空闲时间，行走在路上，从英伦三岛到欧洲大陆，拓视野、长见识。特别是在英国，英格兰、苏格兰、威尔士和北爱尔兰都留下了我的足迹。那山、那水、那里遇到的人和事，时至今日依然经常游走在我的梦里。

后记

与爱同行

如今，我已回国工作多时，在英国经历的那些人、那些事、那两年，似乎已渐渐远去，然而每次忆起，都仿佛心灵再次经历洗礼。那些困难，那些努力，那些成绩，都使我无悔在伦敦大学金史密斯舞蹈与表演孔子学院成长的精彩两年。那两年的光阴仿若一束光，在每一个艰难灰暗的时刻，坚定地照亮着我的人生。

感谢我的单位北京舞蹈学院和国家汉办给我机会，让我经历了两年不一样的人生；感谢英方院长对我的支持和信任；感谢伦敦大学金史密斯舞蹈与表演孔子学院的老师们对我的支持和配合；感谢我的先生用博大宽厚的爱做我坚强的后盾；感谢我的妈妈，在人间守护我，在天堂保佑我，让我始终与爱同行！

中华文化海外传　诗情画意写人生

王丽虹

北京语言大学外国语学部英语学院副教授。2011—2016年担任美国乔治梅森大学孔子学院中方院长。

提起孔子学院，大多数人想到的就是上汉语课和文化讲座。其实作为一个文化交流机构，孔子学院的工作远远不止于此。各地的孔子学院根据当地实际情况提供的文化交流服务是多种多样的：短平快式的汉语扫盲，短期中国旅游的行前准备，中国传统节日文化活动的支持，接待中小学生为了完成作业进行的采访，开办中文教师研讨会和培训班，推广汉语水平考试，选拔奖学金获得者等不拘一格的学术交流互动。美国乔治梅森大学孔子学院（以下简称"梅森孔院"）地处大华府地区，利于与其他国家驻华盛顿DC的文化传播机构展开交流合作。就拿与歌德学院联合开展的"时光光影中美德三国诗会"来说，至今令人回味无穷。

梅森孔院和歌德学院曾连续5年以不同的主题和形式举办"三国诗会"。孔子学院和歌德学院共同商量确定主题，如"城市""食物""音乐"和"艺术"等，再

2012年8月在华盛顿DC马丁·路德·金公共图书馆朗诵诗歌

由两个学院选送本国当代诗人的优秀作品并分别翻译成中文、德文和英文,制成图文并茂的海报,张贴在校园或其他文化场所,并在大华府地区的图书馆和作家中心等重要文化场所朗读这些诗歌,邀请专家与在场的观众就中文、德文和英文诗歌中的思想意境进行探讨和交流。探讨的主题大到诗歌在社会文化中的作用,小到李白的"床前明月光"的"床"具体指什么。梅森孔院的老师和志愿者都积极参与这项活动,就连家属都踊跃支持。我们家里就有两个诗歌爱好者,我女儿苾乔不仅喜欢翻译诗歌,还去马丁·路德·金图书馆现场朗诵。记得有一次她朗诵完一首诗,一位年近花甲的德国女人像见到亲人一样向苾乔倾诉她在异国他乡生活的寂寥惆怅,回忆她在德国美好诗意的家园,对那回不去的故乡充满眷恋。

苾乔在华盛顿DC马丁·路德·金公共图书馆朗诵诗歌

孔子学院的教师个个都是身怀技艺的多面手。当一个小小的爱好植根于孔子学院这片沃土,就有可能得到意外的收获。我们梅森孔院的一位老师在国内专修语言学,同时也是《诗生活》网站的专栏诗人。在国内时,她业余时间写写诗,逛逛美术馆,过年做个剪纸,日子过得很惬意。来到孔子学院之后,她惊喜地发现自己的业余爱好都有用武之地。她首先发起了校园剪纸活动,将文化讲座和剪纸手工制作相结合。现在,这已经成为梅森孔院最受欢迎的常规文化活动之一,梅森孔院的工作任期结束后,她马上就奔赴另一所海外孔子学院,继续她诗情画意的美丽人生。

梅森孔院还有一个传统项目是"我看中国"摄影展,展现梅森大学师生镜头下的当代中国。展览每年都吸引很多观众,引发普通美国人对当代中国社会生活的兴趣,增进彼此了解。为了突出展览的文化交流功能,作者要为每幅作品配写说明,便于观众了解作品内容。我们还为学生团体参观准备了《观展任务活动册》,赋予展览项目更多人文教育附加值。展览期间举办招待会,请部分作者向观众现场解说照片背后的中国故事,场面总是非常热烈。

孔子学院是汉语教学和文化传播交流的综合平台。在梅森孔院工作的老师和他们的家属们都有很多欣喜和收获。当地各界向孔子学院提出的服务需求往往与孔子学院工作人员以往的工作或专业并不吻合，这对多数术业有专攻而非"杂家"的老师来说，是一个实实在在的挑战。热情，好奇，学习，成长，是梅森孔院工作人员的关键词。对老师们来说，在海外工作是了解不同文化、丰富人生、拓展职业生涯的宝贵机会，而孔子学院提供了一个无比广阔的展示平台，为每个人的生活都增添了诗情画意，为他们的人生画卷抹上浓重且亮丽的一笔。

观众在乔治梅森大学画廊展厅欣赏"我看中国"摄影展

附"三国诗会"诗歌一首：

Abschiedslied	Farewell Song	别歌
		王丽虹（译）
Wir ziehen uns an	We get dressed	穿衣
Wir ziehen uns aus	We get undressed	又宽衣
Und oben leuchten die Sterne	And up there the stars are shining	星闪不语
Wir greifen uns ab	We grab each other	相拥
Wir greifen uns an	We attack each other	相袭
Und ziehen in die Ferne	And move far away	相行渐远
Wir wenden uns um	We turn around	转身
Wir wenden uns ab	We turn away	再转头
Und blieben doch so Gerne	And would rather stay（P. B.）	恨不能留

世界为我打开了两扇窗

吴小燕

中山大学外国语学院英语系教师、院长助理。2009—2012年担任墨西哥尤卡坦自治大学孔子学院首任中方院长。

尤卡坦自治大学是墨西哥优秀的综合性公立大学之一，位于墨西哥东南部的尤卡坦州首府梅里达市。2007年9月，墨西哥尤卡坦自治大学孔子学院（以下简称"尤大孔院"）就在这样一个玛雅文化与加勒比风情交相辉映的小城市正式开办运行。2016年，尤大孔院下设于世界十大海滩圣地坎昆的加勒比大学教学点成功申请为孔子课堂。同年，该孔子学院因其突出成绩被选为拉丁美洲的第一家示范性孔子学院。

我于2009年10月赴尤大孔院担任首任中方院长，两年任期结束后因为工作需要再延期一年多至2012年底回国。在墨西哥尤大孔院工作三年多的难忘经历，借李健的《异乡人》感悟，归为一首小诗：

披星戴月地奔波
只为开启一扇
中国文化与汉语教学之窗
有许多时候，眼泪就要流
这扇窗是让我坚强的理由
当我不经意地把他乡
当作了故乡
世界却已为我，打开了两扇窗

异乡的朋友，越来越多

陌生的西语，越来越好

哭过，也笑过

忧过，也喜过

空白的工作经验，越来越充实

青涩的孔子学院，越来越有活力

墨西哥人爱上了汉语，迷上了中国文化

我也坠入了对玛雅文化深深的爱恋之中

异乡不再是他乡

深爱的学生，初交的朋友

都不愿看见，我即将的远行

即使知道，我要去的地方

是我已离开三年的

故乡

2017年墨西哥尤大孔院十周年庆典上合影

2017年墨西哥尤大孔院十周年庆典获颁"墨西哥尤大孔院特别贡献奖"

过去几年在异国他乡相遇相识相惜的人和事，似乎已渐行渐远，可是在朦朦胧胧即将淡忘之际，在 2017 年 3 月受邀赴墨参加尤大孔院十周年庆典活动，重回旧地，又见到了众多旧同事和老朋友，于是，三年中方院长的工作日子又开始渐行渐近，重新跃出脑海。恰逢华南理工大学国际教育学院刘程院长邀约写写当年作为孔子学院中方院长的经历和感悟，自是如缘分一般的巧妙，见字如面。

是院长，也是汉语教师——填写空白 & 书写情感

在孔子学院担任中方院长，不外乎以下三种角色：其一，只做中方院长的工作，也就是纯行政；其二，挂着中方院长的头衔，但只负责教学工作，也就是纯汉语教师的角色；其三，负责中方院长相关的行政管理工作，但同时也兼顾一定工作量的教学工作。哪一种角色最好？每家孔子学院的情况都不一样，因此对中方院长职责的定位也各有不同。在摸索中成长，在积累中改进。

2010 年第五届孔子学院大会上和原国家汉办主任许琳女士合影（左边为尤大孔院外方院长 Andres Aluja）

我选择的是第三种。正如《院长指南》上说，"院长应具备应有的教学管理经验""具有较强的开拓创新和组织动员能力""具有高度使命感""拟定孔子学院发展规划和年度工作计划"。中方院长不仅要和外方院长配合做好孔子学院的管理和发展大计，也要做好开拓汉语教学和文化推广市场的工作，同时一定的汉语教学经验会加强和汉语教师的交流、联系、评估和培养工作，保证教学的质量。我的最大体验是，多方参与工作，付出时间和精力，不仅能尽快熟悉陌生的工作，把早期孔子学院的各项"空白工作"填写完整，也和当地的新同事及国内派去的志愿者教师都交上了朋友，建立一起开疆破土共同奋斗的深厚情感，给异国他乡的"苦""闷"

生活撕开一个快乐的口子。

国家汉办于 2006 年 11 月 25 日与墨西哥尤卡坦自治大学签订合作建设尤卡坦自治大学孔子学院协议书,中山大学(以下简称"中大")成为中方承办学校,并于 2007 年 8 月派出一名西语教师和一名志愿者到尤大开设初级汉语课。2008 年 1 月,中大代表团抵达梅里达和尤大正式签订了共建孔子学院的协议并同时召开了第一届理事会会议,至此,孔子学院正式挂牌成立。

赴任前,我参加了国家汉办在北京举办的孔子学院中方院长培训,这个 2008 年底随着北京奥运顺利举办后的培训,后来据说被戏称为中方院长培训的"黄埔一期",具有重要的意义,为大多数拥有丰富教学经验但缺乏行政管理和公共外交经验的学员们提供了一个学习的机会,为后来工作岗位上的实战恶战做了一个铺垫。

由于墨西哥的官方语言是西班牙语,这是个人才非常紧缺的语种,而且国内有关墨西哥的报道都是关于贩毒和暴力的方面,因此墨西哥给人的印象就是个遥远而危险的国度。也因此在选拔首任中方院长的过程中一波三折,困难重重。当时中大翻译学院院长、原外国语学院院长,尤大孔院理事会成员之一的王宾教授找到并说服了我去接受这个挑战,并让翻译学院派人辅导我的西班牙语,希望 2009 年 3 月开始学点皮毛后再去赴任。同年 4 月,墨西哥爆发猪流感,大规模的流感疫情在全球发展迅猛,一下子就有上千人发病,近百人丧生,因此国家汉办下令暂缓墨西哥的赴任。这一等就到了 10 月,我那刚学的几句结巴西语也很快就还回给了老师。

2009 年 10 月 3 日,我终于坐上了飞机,先从广州飞巴黎,再从巴黎转机飞墨西哥城,最后第三趟航班飞梅里达市。全程近 40 小时,终于在 5 日凌晨抵达尤卡坦州首府梅里达市,而当晚由于时差睡不着,整个人由于过度疲劳,肚子也开始闹毛病,想用西语求救时却折腾半天也说不清楚,那份狼狈,自知,至今汗颜。有人说美国打个喷嚏,紧邻的墨西哥就一定会感冒,可是懂英语的老墨还是少啊!一波三折之后,孔子学院中方院长人生第一个海外大挑战的日子开始了!

当时尤大孔院的架构如下:外方院长一名、中方院长一名、外方另行招聘的行政副院长一名和国家汉办派出的志愿者教师三名,后来又聘了两名本土汉语教师。这两名本土教师发挥了很好的桥梁作用,他们有语言优势,熟悉本土文化,了解本土学生的学习特点,尤其在汉语的推广和入门级的教学上起到了很好的作用。此外，本土教师不仅教汉语，也在空闲时间教志愿者西语，可谓是一举两得。国家汉办积极推进发展本土教师的规划是非常实用和有意义的！

尤大孔院中外方院长、志愿者教师和本土汉语教师

1. 根据墨西哥学生的学习特点，制订教学大纲及教学计划，积极推广汉语教学

尤大孔院2007年开始推出汉语课程，但由于缺乏人力物力和办学经验，教学安排和计划都还比较混乱。2009年之前的资料没人进行整理和归档，缺乏完整的教学记录。因此到任后我首先开展的工作就是整理和归档所有学生的资料及过去两年汉语教学的资料，同时组织调研，多方了解墨西哥学生的学习特点，并根据尤卡坦自治大学自身的教学计划，制订了适合尤大孔院的教学大纲和教学计划，将丰富多彩的文化课纳入日常教学中，如非常吸引学生的"中华美食""太极文化""书法""茶艺"等。

除了7个级别的汉语常规课程，对入门级提出"双基教学（基本拼音和基础汉字）、一课一坊（美食课、茶艺坊）、三诗三歌（学念三首古诗和学唱三首中文歌）"的教学宗旨使学生对中国文化产生浓厚的兴趣而坚持学习汉语，暑期特别开设的"幼儿汉语夏令营"也起到了很好的课程推广作用，从而保证了每学期为60个学时的一至六级汉语班的生源。除了成功争取在尤卡坦自治大学开设汉语选修学分课程外，我们逐步将汉语教学推广到外校去，如在普罗格雷索高级技术学院和梅里达最好的贵族学校恭步雷斯学校分别开设了汉语入门课，受到了学生普遍的欢迎。

尤大孔院幼儿汉语夏令营——汉语小课堂

尤大孔院幼儿汉语夏令营
——我爱学汉语

尤大孔院幼儿汉语夏令营——中国功夫

　　墨西哥的官方语言是西班牙语，为了加强中外双方及志愿者教师的沟通和交流，所有的课程简介、活动介绍、文化课等教学资料都以中西语撰写并保留在固定的移动硬盘上，方便孔子学院以后的发展所需，接任的院长和教师也能充分利用已有资料，节省熟悉新工作的时间。尤大孔院在发展初期的性质只是一家语言培训学校，学生们缴费上课，相对是比较懒散、没有纪律性的。为了更好地进行学生管理，使学生能积极、主动、热情地来上好中文课，我们制定了双语版的《尤卡坦自治大学孔子学院学生守则》，让学生更清楚地了解孔子学院的管理条例，可以申请"孔子学院优秀奖"和到中国留学进修的孔子学院奖学金的条件等。学生的学习热情由此变得十分高涨，报读的学生人数在节节上升，志愿参与协助"中国日文化推广"的学生志愿者也越来越踊跃。

　　2. 开展汉语教师培训，努力培养本土汉语教师

　　为了更好地加强教师队伍的管理，同时也为了更好地提高教师的素质

和教学质量,我于年初开始制订较完整的汉语教师培训计划,对所有本土和国家汉办派出的汉语教师进行每周一期的教师教学培训,还于每学期的期中进行教学评估,以便更好地检查教师培训的效果及各位汉语教师的教学质量。在任期的三年内,我已经多次对评估的形式和内容进行了修改,在评估结束后迅速对评估结果做出分析和总结并及时反馈给任课教师。这不仅可以反映出教师培训的成效性,并且也能更好地了解孔子学院的教学情况,保证了教学的质量,也赢得了学生的尊重和喜爱。

2010年国家汉办开始鼓励各个孔子学院积极培养自身的本土汉语教师。尤大孔院在国家汉办的大力支持下,和中山大学一起先后培养了三名墨西哥本土教师,并充分发挥了本土教师的优势,在汉语推广的时候他们"刷语言",用西语介绍孔子学院的情况,而我们则"刷脸",用外国面孔吸引观众的注意!此外,本土教师还是中国老师的"西班牙语老师",同时兼任西语课的教学,可谓是一举两得的好招数!在孔子学院的发展过程中,本土汉语教师将发挥重要的作用。

尤大孔院中外方院长、志愿者教师和本土汉语教师

3. 中国文化大型推广活动及文化讲座

尤大孔院在梅里达市市中心每年举行两期的"中国日"大型文化推广活动,活动主题以中国的大型节日为主,如春节、元宵节、中秋节、国庆节、教师节等,通过舞狮、武术、太极、中文歌曲、舞蹈、舞台剧等精彩的表演以及各类富有中国特色的亲民活动,如中国茶艺、书法、剪纸、京剧脸谱、学做中国结、学用筷子、品尝中国美食等给当地的市民带来一场中国文化的盛宴。大家对中国的传统文化非常好奇,因此各类精彩的活动吸引了梅里达市上千市民的热情参与,也吸引了当地媒体对活动及中国文化的大力报道,场场活动均取得圆满成功。此类文化推广活动也对孔子学院汉语课程起到了非常好的推广效果,很多人在活动的当天就被吸引,纷纷了解汉语课的情况,很多市民还当场就报名学习汉语。

"中国日"大型文化推广活动

梅里达市远离墨西哥城，当地很少华人和华人组织，因此在组织文化活动上就困难重重，每次搞活动为了买到合适的中国文化用品或租到中国风的服装，我总是得到市中心里淘宝似的到处寻找，或者每次回国开会时买上大包小包的东

中国茶艺体验课

西亲自带到墨西哥去。比如，热爱喝茶和茶文化的我在孔子学院搞了多期的茶艺坊，从茶桌、茶壶、茶杯、茶叶等等，所有东西都是我一点一点地亲自从国内带过去的。虽然每次舟车劳苦，但是看到越来越多的墨西哥人对中国茶有了更多的认识，也像我一样爱上了喝茶和传授茶文化，我就感到一切都是值得的。2012年10月我汇总了几项特别热门的传统文化，专门组织了一期"中国文化坊"，共包括中国结、茶艺、剪纸、折纸、书法、合唱六大主题，目的之一是让学生和当地市民有机会更好地了解中国文化，二也是作为对孔子学院教师的一次"文化大培训"。这其中不仅涉及中国文化方面的培训，更重要的是还利用这个文化坊作为对孔子学院教师的一次文化大培训，不仅能培训孔子学院的新教师如何结合墨西哥当地的文化用西班牙语更流利、更清晰地讲解这些文化点，并且也能使听众更快地对完全陌生的中国文化最快地产生共鸣，了解并接受它。

为了让学生们对中国的节庆有更深的了解，我们每年都组织"包饺子庆春节""包粽子过端午"和"包汤圆过冬至"等师生联欢活动。作为土生土长的南方人，我虽然小时候跟母亲学过包饺子，但却从来没试过和面和擀面皮，年年吃粽子，但却从来不懂粽子是怎么包出来的。首先，在梅里达这个不大的城市里找中餐馆的老板厨师，先拜师，乖乖地在旁边仔细学起，面多了，加水，水多了，加面，最后终于顺利出师！做粽子也是一样，一开始怎么都无法把糯米乖乖地包在叶子里，左漏右漏，煞是狼狈！学会不漏米了，可是包起来还是歪

尤大孔院端午节包粽子活动

歪扭扭的，粽子本来应该是胖胖的，看起来可爱又诱人的，可是我手里的成品却是歪唧唧的小瘦子一个！都说中方院长得是出得了厅堂入得了厨房的人，在一个求天难应求地无门的小地方，求自己才是最有用最快捷的办法！就这样，大学刚毕业的志愿者也被带动起来了，不仅我是厨师，我们个个年轻貌美的志愿者也全都是大厨了！这些趣味盎然的文化活动，不仅让学生更深刻地了解了中国的传统节日和文化，同时也增进师生感情，是双方相互了解的最有益和有效的活动。

　　到中国去参加汉语夏令营是所有孔子学院学生的梦想，每个人都期盼着能有一天亲自到中国去操练所学的汉语，亲身体验中国的传统文化。可是，赴华夏令营对很多人来说也只能是个梦，至少昂贵的国际机票费就让很多家境并不富裕的学生望而却步。因此，2012年春，尤大孔院异想天开，成功地组织了在尤卡坦半岛的首届本土汉语夏令营，此次活动，院长和教师们充分利用了所在大学Hobonil农场，设计了从玩到学到赏的汉字拼句、查字典、猜谜语、做风筝、寻宝、学做中国美食等寓汉语教学和中国文化于趣味的活动，使营员们大叹过瘾，在汉语夏令营结束后还依依不舍，非常感激孔子学院给了他们一个这么难得的体验活动。首届汉语夏令营的圆满成功，为世界各地的孔子学院传达了很好的一个文化活动经验和信息：不是所有的学生都有机会去中国，也不是非要到中国才能参加一个趣味盎然又收获丰富的汉语夏令营，就在当地，孔子学院也能很好地召集学生就地取材，成功组织丰富多彩的汉语营！

尤大孔院本土汉语夏令营之做风筝活动

尤大孔院本土汉语夏令营之拔河

尤大孔院本土汉语夏令营之汉字拼句

4. HSK 考试和孔子学院结业典礼

2010 年 1 月尤大孔院正式和国家汉办考试中心签订协议，成为墨西哥东南部唯一一家新汉语水平考试（New HSK）考点，并于 1 月 23 日在孔子学院举办了首届新汉语水平考试一级考试，此后每年举办

HSK 考试后大合影

两至三次 HSK 考试，积极在墨西哥东南地区推广汉语水平考试。最初只有 20 名考生，但两年后就增长了 10 倍多，且通过率高达百分之九十以上。为了鼓励更多的学生积极报考 HSK，我们每次都做了别出心裁的宣传活动，比如统一发放 T 恤，集体照上新闻，评选优秀考生，等等。我亲自设计角度抓拍的相片还刊登在汉考国际的宣传杂志呢！

尤大孔院每年均举行 2 期的结业典礼及学生学期汇报演出，各级学生表演了太极、武术、书法、中文歌曲、京剧脸谱、中国民族服装秀、"中国婚礼"舞台剧等。一方面检验了学生对所学的汉语知识的应用和掌握程度，另一方面通过这些精彩的节目演出，不仅使学生更加深对中国的文化了解，同时也是面向墨西哥当地市民的一次效果非常好的中国文化推广活动。

尤大孔院结业典礼

在结业典礼上学生进行了学业汇报演出，每期的结业典礼都收到了非常良好的效果，不仅学生是开心满足的，连到场助兴的学生家人及朋友都十分高兴，他们在欣赏学生的表演节目时，也同时对中国文化表现出了极大的兴趣。自2010年开始，在每届的孔子学院结业典礼上，除了颁发尤大孔院的学业证书外，中外方院长还给专门设立的"尤大孔院优秀学生奖"的得奖者颁发了证书和奖品。此外，为了借此机会加深中墨文化交流，也为了表达对中方院长和汉语志愿者教师远道而来墨西哥教授汉语的感激之情，外方还特别安排学生给穿上了玛雅民族服装的中方教师献花，使整个结业典礼具有更深远的意义。

中外方院长为"尤大孔院优秀学生奖"得奖者颁发获奖证书

结业典礼上尤大孔院学生给身着玛雅民族服装的中方教师献花

我是好学生——走入西语奇妙的世界

西班牙语是世界上应用极广的语言之一，在拉美地区，除了巴西、伯利兹、法属圭亚那、海地以外，其余国家都是以西语为官方语言。到墨西哥工作，首先要克服的困难之一就是语言关，把西语的听说读写拿下。但说归说，豪气归豪气，要在一把年纪的时候把一门全新的语言学会，谈何容易！而且一般人都知道，英语好的人学西语或其他外语时反而慢，因为一是工作时需要语言的大力辅助，等不及你慢慢地学会当地的语言，英语就得赶紧上了；二是既然可以秀一秀比当地人好太多的英语，何苦还去折腾难上加难的西语呢！要知道，西语可不是三两天就能学会的小儿科外语啊！

西班牙语属屈折语。经过长期演变，虽说词尾屈折已大大简化，但它的语法还是非常复杂，比如动词的动词体系复杂，有很多不同的时态，而根据不同的动词和人称有不同的变位方式，屈折变化纷繁得很，规则和不规则动词之间的变位又有很大区别；名词分阳性和阴性，单复数不一样，句子中的名词和形容词的性、数还要保持一致。在学习西语时，最大的感受就是变、变、变！而在发音上，西语的大舌音 r，就是利用颤抖的舌头发出来的一连串的颤音，又让多少人直接卧倒！好在贵在坚持，我有空没空就弹一下舌头，一年以后的某天，突然就可以潇潇洒洒地 /rrrrrrrr/，想颤多久就能把舌头弹多久了！如果说当时心情不激动，那一定是骗人的了！另外 /t/ 和 /d/，/p/ 和 /b/，/k/ 和 /g/ 等几组音极其相似，一不小心，"你的日子"（tu día）就变成"你的阿姨"（tu tía）了。

当然除了发音，单词的相似性也能"整死人"！比如早上我洗了头发去上班，居然可以把"洗头发"（lavé mi cabello）说成"洗了马"（lavé mi caballo），把跳尤卡坦的民族舞蹈 Jarana 错说成了"跳橙子"（naranja），"拿勺子吃饭"（como con una cuchara）念叨成了"和蟑螂一起吃饭"（como con una cucaracha），直把听话的人吓跑，谁敢和小强一起吃饭啊！但也正因为这一次又一次尴尬的错误，我在孔子学院大会上用学了三个月的西语发表讲话时，面对几百位观众，鼓励自己，也激励大家，他们学汉语正如我学西语，很难，但只要坚持，就一定能学会它、爱上它！

初到梅里达的前三个月是 homestay（寄宿在当地居民家），外方希望这样可以加快我西语的进步，尽快投入工作。住家的老婆婆人不错，房间条件却很一般，一米的床，一翻身就要摔到地上去，床上用品是别人用过的，布料很粗糙，而且房子就在马路边上，晚上车辆呼啸而过，很难入眠，两个多月过去了，时差一直就没倒过来，白天忙孔子学院又杂又乱的工作，晚上就睁着眼翻来翻去睡不着。尤卡坦半岛是热带气候，蚊虫比较多，有一次我想穿运动鞋去跑步，但一伸手，无数只超大蚂蚁从其中一只鞋子里窜出来，吓得我哇哇大叫，主人家跑来一看，见怪不怪地笑了笑，好像在说"不就几只蚂蚁嘛，还大惊小怪"。嘿嘿！想想广州家里超大的床，舒服的被子，我这是何苦呢？

在海外，最重要的一点就是要学会在苦中作乐，培养自己最好的抗压抗苦心态。除了每周三次西语课外，每天的工作，对同事，对学生，对无数的邮件，都要说西语，看西语，写西语；每天强迫自己不用英语，不说英语，不写英语。慢慢地，新朋友新学生都以为我不会英语，于是，不会汉语的他们"迫不得已地"和我用西语交流，无意中都成了我最好的西语老师，促进了我在西语学习上的飞速进步。在国内，其实我每天都在好几门语言（或方言）中穿梭，我的母语是客家话，家乡白话是我的第二母语，到广州学习工作后又学习了粤语，普通话其实是我在学校习得的语言，而英语是我工作的语言，到了墨西哥后工作和生活的语言又以西语为主，所以我的生活中充满了不同语音和声调的各式语言，如果再加上本科的德语二外和研究生时期的法语三外，我的世界充满了混乱不堪而又丰富多彩的世界语言，这何尝不是生活中的另一抹色彩呢！

工作和学习之余，在墨西哥的生活自有它不一般的魅力。除了热情洋溢的墨西哥友人和拉美特有的热情贴面式文化，玛雅文化神秘的面纱也让人着迷！尤卡坦半岛是玛雅人的故乡，是古玛雅文化的摇篮之一，直至今日，玛雅人或带有部分玛雅血统的混血儿仍然占据该半岛的大部分人口，并且玛雅语仍被广泛使用。我很庆幸学会了西语，可以有机会更好地接近和了解玛雅文化和玛雅人。周末有空时，我会去参观尤卡坦半岛上的很多古玛雅遗址，有世界七大奇迹之一的奇琴伊察玛雅遗址（Chichén Itzá），有乌斯马尔玛雅建筑群遗址（Uxmal），还有名为"刻有文字的石板"的Dzibilchaltún遗址。我最喜欢的一个玛雅遗址是坐落在加勒比海蔚蓝海边的

世界七大奇迹之一奇琴伊察玛雅遗址的羽蛇神金字塔

Tulum，在遗址里观海或是坐着小船漂在海上看玛雅时期宏伟的建筑，都是很赏心悦目的事情。

尤卡坦自治大学每年都有不少欧美的大学交换生过来，大学的语言中心为他们专门开设了西语课。我初到梅里达时，磕磕碰碰连简单的日常对话都不会，于是每天忙完工作后就厚着脸皮跟那班年轻活泼的大学生去上西语课，他们有英语法语德语的基础，敢讲能听，在听力和口语上胜我一筹；好在我是英语老师出身，对语言的理解和分析能力更强一些，碰上西语这么繁杂多变的语法，刚好派上用场，每次小测验都能拿个高分，这样也相互激发了学习和互补的动力。

目前，拉美地区大部分国家的母语都是西班牙语，但我们都知道，不管是外交部或教育部派出驻外人员，或是国家汉办派出中方院长或公派教师，要既懂西语且愿意外派，又得同时符合政府的派出条件，那真不是一个难字了得！所以既然已经到了国外工作了，就要好好把语言一举攻下。三年下来，我的西语已经是听说读写全面开花，学习的诀窍就是：第一，在工作学习当中尽量不使用英语，强迫自己就算丢了面子也要用西语。第二，在工作中写报告发邮件时全用西语，不懂就查字典，看西语写的报告和邮件时就当作是上西语阅读课，碰上好词好句顺手摘抄下来。我们都知道，在国外学习当地语言时，最难的就是写，因为平时"说"很多，而且即使说得不准确，对方也能通过肢体语言等明白意思，但

Dzibilchaltún 玛雅遗址七石娃殿春分、秋分的阳光穿射景象

"写"外语就不一样了，语法、用词、句式等都得考究，尽量保证准确度。我个人认为会"写"西语是我最大的收获。第三，积极备好并上好每节中国文化课和汉语入门级课程，因为这不仅是工作，也是最好的锻炼西语的机会。第四，空闲时间多和同事、学生、朋友用西语聊天，既锻炼语言也了解当地文化。墨西哥是个幸福指数很高的民族，一过周四，各种欢乐聚

会就来了。这些聚会有两个能让中国人发疯的特点：一是一般晚上 10 点以后聚会才开始，聪明的人往往先把肚子填饱一半再去，否则准得先饿个半死然后再来个撑死；二是这些聚会往往一开就是五六七八个小时甚至更长时间，国内的聚会一般就那么三两个小时，哪里受得了墨西哥人那些喝酒聊天啰啰唆唆、无比冗长、无聊透顶的 party？但是，后来我发现只要强迫自己留下来，就得到了一个最好的练习西语的机会！正如我们对老外很友好很热情一样，老墨们对我们这些"老外"也是热情有加的哦！

　　除了上课，西语老师还安排了一些很有意思的文化课，如墨西哥美食课，大家聚在一起学做墨西哥卷、玛雅土菜等；一起学跳玛雅民族舞蹈 Jarana，参观玛雅文化遗址等。犹记得有一次三月春分，我们一早 5 点被安排去 Dzibilchaltún（刻有文字的石板）遗址看早上日出时太阳正好从遗址中最著名的七石娃殿顶楼东边的门中穿射进来的奇妙景象。当日下午，我们再匆匆赶去奇琴伊察玛雅遗址观赏另一个只有春分和秋分才能观赏到的景象。在奇琴伊察遗址有一座以羽蛇神库库尔坎命名的金字塔，在金字塔的北面两底角雕有两个蛇头，每年春分、秋分两天，太阳落山时，可以看到蛇头投射在地上的影子与许多个三角形连套在一起，成为一条动感很强的飞蛇，象征着在这两天羽蛇神降临和飞升。当年玛雅就是借助这种将天文学与建筑工艺精湛地融合在一起的直观景致，准确把握农时。这样的文化考察活动不仅让我们对墨西哥本土的文化有了非常直观的认识和了解，大大地增强了西语学习的趣味性，同时也让我意识到我们在海外推广汉语教学和中国文化的异曲同工之处，也因此有了后来推出的本土汉语夏令营活动，以便更多没有时间或没有足够经费来中国参加国内夏令营或冬令营的学生们有机会了解和体验中国文化。

奇琴伊察玛雅遗址羽蛇神春分、秋分的降临景象

西语班同学在老师的带领下参观奇琴伊察玛雅遗址

在委屈中坚守，在友爱中期盼——哭与笑的日子

在下笔之前，先翻看了好几篇孔子学院中方院长或公派教师或志愿者教师的文章，发现大家在海外的日子都是过得非常愉快的，有意义，有收获，满满的都是正能量，但其实，在那些"欢乐的日子"的前面或后面，还有很多伤心、难过、委屈，有无数的工作琐事和大大小小的烦心事，只有亲身经历过的人才真正知道其中的酸甜苦辣，也才知道"风雨过后见彩虹"的欣慰和快乐！

尤大孔院办公室门外师生合影

远离家乡，远离亲人，这是在海外任职的人无可避免的思念之苦，但这个"苦"是"甜"的，更多的是来自和外方一起工作时产生的各种矛盾、冲突、妥协、郁闷等实实在在的"苦中苦"。2009年秋我到尤大孔院赴任前，其实尤卡坦自治大学的汉语教学已经运转了两年，突然"空降"的中方院长在语言和文化都还没有完全适应时，外方也出现了一定的不适。大部分孔子学院的外方院长在孔子学院所在大学里都是身兼几职，因此往往没有过多的精力分配给孔子学院，而是另外聘任一个专职的副院长或行政助理或秘书来做孔子学院的工作，这样往往就会在工作管理上出现一定的沟通和协调问题，从而导致双方在信任和合作方面产生矛盾和冲突。当中也曾因外方的合作态度和方法在沟通上出现过不顺畅，也曾因在工作上遇到委屈和不满而难受，我也愁过，甚至在深夜里越想越委屈而号啕大哭过，但哭完后就想通了：问题在此，逃避不了，唯有找到解决它的支点。每次经过努力，都能把问题由大化小，由小而化为工作的动力和成绩。由于不同的政治和文化背景，外方也许不接受我们的一些方法和做法；由于不同的个人性格特点和处事方式，外方也许不完全配合活动的进行。但是无论如何，工作的目标要明确并坚持：努力架好沟通的桥梁，做好逐步深入进而改变对方观点和做法的努力，以便更好地发展尤大孔院的汉语教学和文化推广使命，不仅要增进墨西哥人民对中国语言文化的了

解，加强墨西哥和中国的教育文化交流合作，同时也希望能借助孔子学院这座桥梁发展墨中两国的友好关系，为构建和谐世界出好一分力。

此外，派往孔子学院的志愿者教师一般都是刚毕业的本硕生或正在就读的硕士生，年轻人充满活力和工作热情，但有时也会因工作经验不足或责任心不够强而在工作中出现问题，因此，作为中方院长，我不仅要做好教学及文化推广等相关工作，同时也要做这些年轻老师的知心姐姐，指导他们，同时也关心他们，摸爬滚打是一家，一起认认真真工作，周末或放假时也一起疯，一起玩，一起嗨！相互了解，相互体谅，相互支持和帮助，在以后满满的回忆里才会看到最会心的笑容！

收获的喜悦（吴小燕院长和同事身着玛雅民族服饰）

三年匆匆，苦与笑的日子并存。作为一名孔子学院的中方院长，能顺顺利利把事情做成、做好、做到最出色，就是对自己在海外拼搏的日子的最大回报！三年很长，顺溜的西语在舌尖随时转动，玛雅与拉美文化在记忆里流淌，这就是世界为我打开的两扇奇妙之窗。

不忘初心　砥砺前行
——记美国肯塔基大学孔子学院美方院长修华静博士

余丽娜，戴婕，潘婷婷，杨增祥

> 修华静（Maske），美国肯塔基大学教育学院副教授，吉林大学客座教授，肯塔基大学孔子学院美方院长，肯塔基大学中国事务办公室执行主任。

2017年1月9日，修华静院长走进了正在翻修的1000多平方米的Lucille Little图书馆一层，工人们正在埋头作业，看到眼前这即将竣工的肯塔基大学孔子学院（以下简称"肯大孔院"）作为全球示范孔子学院的新场地，她思绪万千，心情久久不能平静……

肯大孔院自2010年成立至今，先后四次获奖：于2012年、2014年两度被评为全球先进孔子学院，修华静院长于2013年被评为全球孔子学院先进个人。2015年12月16日，肯塔基大学（以下简称"肯大"）与孔子学院总部正式签约，共建肯塔基大学示范孔子学院。仅仅不到6年，肯大孔院协助肯大与中国15所院校建立起合作关系，73名肯大教授到中国大学短期讲学访问，两任校领导访华，肯大17所学院中的13所学院的院长访华，建立和中国高校的交流关系，20场知名学者讲座，10场学术研讨会，近400名大中学生访华，大学和中小学汉语教学点从无到32所，18 000名肯塔基州的中小学生因肯大孔院的汉语项目得到了学习汉语的机会，平均每年参加肯大孔院组织的文化活动的人数达到5万人次之多。

肯大孔院自2010年11月揭牌以来，在不到6年时间里，成为全球示范孔子学院,这其中的路途坎坷且艰辛,苦中有欢乐,难中见成就。道阻且长,行则将至,在修华静院长的带领下,肯大孔院就这样走过来了。

肯大孔院的成就与修华静院长作为领导人的管理理念、大局意识和工作实践是分不开的。她是肯大孔院的第一任美方院长。先后拿到了北京国际关系学院英美文学学士、北京大学国际文化交流硕士、英国牛津大学中国艺术史博士后,修华静院长曾在美国马萨诸塞州波士顿Simmons学院教授亚洲艺

2015年12月,国家汉办暨孔子学院总部与肯塔基大学正式签约,共建肯塔基大学示范孔子学院

术史和中国文化课程多年;2000年,她率先在马萨诸塞州公立学校创立了美国东海岸公立学区中的第一个汉语和中国文化项目;2005年11月,她创办并指导的汉语和中国文化项目作为特色节目在美国广播公司ABC晚间新闻报道。

修华静博士于2008年入职肯大,现任美国肯塔基大学教育学院副教授、孔子学院美方院长、中国事务办公室执行主任。作为第一任的肯大孔院院长,面临种种挑战,当年的修华静院长反复思考这些问题:我们肯大孔院的定位是什么?如何才能使得这个新生的孔子学院健康蓬勃可持续地发展?我们可以为当地和大学贡献什么?如何冲破各新闻媒体围绕着美国孔子学院做出的种种负面报道,把孔子学院的形象正面地在当地树立起来等等。通过各种调研,通过对公立大学发展的敏锐洞察,修华静院长领导肯大孔院工作指导顾问委员会制定了肯大孔院的三大使命:

1. 积极融入大学,为大学的主旨和教学服务,成为大学的中国中心。
2. 领军肯塔基州的中小学汉语教学和中国文化项目,成为中小学的中国中心。
3. 推动社区中国文化的教育,成为肯塔基州对中国文化、语言、艺术和商务的窗口和门户,成为肯塔基州的中国中心。

肯大孔院在如此鲜明的三大宗旨的指引下,从无到有,在校园、社区和肯塔基州中小学教育中树立起了一面鲜明的旗帜。6年下来,在大学校

园和肯塔基州的社区中，无人不知肯塔基大学孔子学院。肯大的校长Capilouto在中国新年庆祝会上这样风趣地评价修华静院长对工作的执着和热情："在肯大没有人可以对华静说'不'"。她的工作热情和效率感染着她身边所有的人，影响着大学内外。她对肯大孔院工作重点的正确定位使得肯大孔院在大学的国际化中把中国列为重中之重，从而使得肯大孔院在大学与中国的合作中起到了重要的引领和桥梁作用。教务长Tim Tracy在评价肯大孔院的建设、工作和肯大与中国的合作交流时说："华静是我的顶头上司。"

修华静院长和校长Capilouto夫妇在春节联欢会上

修华静院长和教务长Tracy、副教务长在一起

融入大学，风浪中稳扎稳打

如何使孔子学院融入大学的发展，使之成为大学的有机组成部分，是许多孔子学院都会面临的问题。在肯大孔院成立之初，作为首任院长，这也是修华静院长最先需要思考和回答的问题。美国大学是教授治校，若能借助大学教授的力量和智慧来帮助孔子学院开展工作，定会使孔子学院工作如虎添翼。孔子学院只有主动而紧密地服务于所在大学，让自身的核心使命和发展战略与大学契合，并为之不断作出自己的独特贡献和创新，才能使孔院很好地融入大学的体系，成为大学国际化战略不可分割的一部分。因此，在肯大孔院成立后不久，修华静院长就提出要建立"孔子学院工作指导顾问委员会制度"。顾问委员会成员由肯大知名学者教授、中高层管理人员及州教育部外语教学专家担任，任期三年。在肯大孔院理事会和肯大校方的支持下，肯大孔院工作指导顾问委员会随即成立。这项制度的建立实质性地把肯大孔院融入肯大教授和教学的脉络之中，使得肯大孔院在教授中的影响和声誉极佳。几年来，肯大孔院工作指导顾问委员会每年都会召开2～3次会议，就肯大孔院年度工作计划和发展规划、年度项目预算和决算、肯大孔院学术活动的开展、肯大孔院面临的形势和工作重

点等问题发表他们的真知灼见和提出一些建设性意见,从而保障了肯大孔院的工作能够在坚持使命与宗旨的同时不断推陈出新,与时俱进;肯大孔院就这样在学校里逐渐树立了良好的声誉和可信度,肯大孔院参与大学建设和发展的能力也不断加强。

然而,孔子学院事业在北美地区的发展也并非一帆风顺,多是崎岖坎坷。2014 年底,针对北美地区反对孔子学院的风浪,为了防患于未然,修华静院长主动向学校教授参议会提出申请,要求对肯大孔院成立 4 年多来的工作进行体检评估。经过评估小组成员的面试提问和近 3 个月的全面考察,大学教授参议院于 2015 年 4 月签发了一份关于孔子学院的 9 页评估考察报告。报告充分认可孔子学院对大学发展的贡献,对孔子学院 4 年多来的工作给予了极高的评价,大学全体教职工对孔子学院在校园以及整个肯塔基州所做的杰出工作表示赞赏和认可,这为我们孔子学院今后在肯大校园内进一步开展工作签发了通行证,而后此报告在 2015 年 10 月召开的大学董事会上也得到了通过,这为孔子学院今后长远的发展打下了坚实的基础。

建设平台,整合资源,践行肯大孔院三大使命

资源整合与平台建设是肯大孔院的另一项核心发展战略,而其根本目的是为了更有效地践行肯大孔院自成立以来便为之不懈努力的三大使命:融入大学、中小学汉语教学和社区中国文化推广。自 2010 年肯大孔院成立以来,修华静院长积极地以肯大孔院为平台,优化资源配置,在中美两国之间进行不同层次、不同结构、不同内容的人文与教育资源的分享与交流。同时,肯大是全美政府赠予地的 50 所大学之一,大学以服务全州作为其宗旨之一。为了贯彻这一宗旨,充分发挥肯大孔院在整个肯塔基州的影响力,修华静院长积极搭建中美高校之间交流平台,搭建中小学汉语与中国文化教学平台,搭建大学与中小学之间的平台,搭建大学与社区之间的平台,在这些平台上传播中华文化,并以将之覆盖整个肯大校园和整个肯塔基州作为肯大孔院的奋斗目标之一。

中美高校之间教育资源的交流

修华静院长始终坚信,孔子学院只有紧密跟随所在大学的发展战略,为大学的主旨和教学服务,才能有效地保证孔子学院在当地的可持续发展,才能使所在大学与中国建立牢固的合作伙伴关系。肯大孔院与肯大 17

所学院中的15所学院建立了紧密的合作关系，每个成熟的项目之间都是环环相扣、密不可分的。在孔院成立之前，肯大仅与两所中国高校有校际交流合作关系，在修华静院长的不懈努力下，到目前为止，肯大已与中国15所高校建立了校际交流合作关系，校际之间的学术交流、科研合作、师生互访、联合培养等方面的合作正在逐步展开，并发展和壮大。

从2013年暑假起，4年以来，92名肯大教授学者在肯大孔院的牵线下前往中国的吉林大学、上海大学、天津外国语大学和青岛理工大学4所大学教学并进行学术交流，取得了非常好的效果，为肯大和中国相关高校开展进一步的教学、学术和科研交流与合作打下了坚实的基础。此外，修

修华静院长带领代表团和吉林大学签署两校战略合作协议

华静院长始终坚信校际之间的交流要以学生的发展为前提，为了让肯大学生有机会、有渠道学习汉语和中国文化、留学中国高校、访问华夏大地。近年来，孔子学院努力践行肯大关于促进学生成功的发展战略，一方面，积极支持肯大中文专业开展汉语学教学，推动学生参加HSK（汉语水平考试），鼓励优秀学生申请孔子学院奖学金，前往中国留学深造；另一方面，创造机会，吸引来自合作院校的中国学生通过肯大孔院搭建的"2+2""3+1+1"等平台到肯大来继续深造。每年由肯大孔院牵头的肯大美国学生访华团都超过了40人。秋季学期一开始，孔子学院就组织这些访华的学生和教授参加"我眼中的中国"摄影比赛和摄影展，这样便能把他们看到的中国和学到的中华文化传播给其他未能到中国的学生和教授，环环相扣的工作使得每一年报名参加此项目的教授和学生络绎不绝。

肯塔基大学艺术学院师生和内蒙古大学艺术学院师生交流周

肯大教授在上海大学暑期讲课

修华静院长带领美国教师访问中国，参观天安门广

就这样，校际交流带动起了肯大的教授和学生们对中华文化的浓厚兴趣，校园各处劲吹"中国风"，大家对中华文化的喜爱也与日俱增。针对这种喜人的局面，修华静院长又展开了下一步的校园攻略，即在学院里开展各种形式的与中国有关的学术活动，丰富教授和学生们对中华文化的了解，加强他们对中国的认同感。几年来，肯大孔院已在肯大校园内举办了20多场美国本土杰出学者关于中国方面的学术讲座及10多场中国研究学术研讨会及高峰论坛。每年资助10名肯大教授开展中国研究的课程建设，鼓励他们在教学中加入有关中国的章节和元素，并鼓励肯大教授参与有关中国

修华静院长与肯塔基州教育部高层访华团在国家汉办合影

研究的国际或国内学术会议。"中国项目增强推进计划"通过资助肯大的学院设立"中国日"与中国大使、举办聚焦中国的学术论坛、开设包含中国元素的学分课程、开展与中国高校的实质性合作等方式，把与中国有关的文化、教学和科研工作编织到不同院系、不同专业学科中去，旨在让发展中国项目变成肯大每个学院在发展变革、创新和大学国际化进程中的主动行为和要求。

针对中美高校间高层领导之间的互访与交流，修华静院长也总是亲力亲为，每年至少四五次不辞国际长途旅行的劳累，亲自带领州领导、教育界领导、校长、院长和社区领导访华，积极主动为校际之间的合作创造机会、构建链接。肯大校长、教务长先后率团访华，拜会国家汉办，出席全

球孔子学院大会,参与孔子学院大会和大学校长论坛,会见来访中国驻美大使馆教育参赞、国家汉办领导以及中国各大高校的领导层。对于国内院校领导和代表团的来访,修华静院长也是亲力亲为开车接机送机,安排和校领导的会见,亲自参加并主持引导双方的友好会谈。

肯大传媒信息学院和孔院举办的第二届中美传媒学术峰会

可以毫不夸张地说,肯大和15所中国高校建立起来的合作关系,是直接由修华静院长一手规划,手拉手地促成的。肯大文理学院院长Mark Kornbluh博士这样评价修华静院长在建立中美校际关系中的作用:"在每次的就双方合作的会谈中,只要华静一到场,会谈就会从沉闷的气氛中扭转过来,双方的积极性和创造力都会被她激发出来,再加上她在跨文化交流方面的能力和个人魅力,我们和中国大学合作意向的会谈总能非常愉快而且富有成果。华静是我们肯大的一颗明珠!"

带领肯大校长访问中国,受到郝平副部长的接见

肯大校长访问国家汉办

国家汉办副主任王永利和督导团访问肯大

带领肯大宣传部长访问中国

在修华静院长的努力下,"中国"成为肯大校园里的热门话题,肯大孔院在学校里的影响力也与日俱增。当国家汉办督导团访问肯大时,修华静院长紧急通知各位院长参加与国家汉办领导的座谈,仅仅一个星期的时间,就有10位院长前来参加和国家汉办领导的会议,这么短的时间内就能召集这么多院长,在美国的校园里这几乎是不可能发生的事。但是,肯大的院长们都来了,这说明他们对肯大孔院工作的高度认可和支持,肯大孔院在各个学院中的影响力可见一斑。

肯大孔院工作最显著的成就还包括了在肯大国际化策略制定中的举足轻重的作用。由于修华静院长卓有成效的业绩和超凡的影响力,肯大各学院、各部门都渴望建立与中国有关的项目,这也促成了中国在肯大国际化策略中的重要地位。肯大的国际化策略包括全球五大重

文理学院院长 Kornbluh 和其他肯大不同学院的院长欢迎许琳主任访问肯大

点区域:非洲、欧洲、中东、亚洲和中国,中国是这五大区域中唯一以国家身份出现的。在肯大全球九大重要合作伙伴中,中国就有三所高校位列其中。

汉语资源项目在当地中小学的发展

面向肯塔基州中小学推广汉语和中国文化课程也是肯大孔院的重要使命之一。肯大孔院下属的教学点和孔子课堂从无到有,不断发展壮大,学生人数和教学点数量也在逐年稳步增长。2016年,肯大孔院有下属教学点学校32个,学员人数超过18 000人,正式签约启动6个下属孔子课堂的运营。依照孔子学院总部精神,肯大孔院正在积极

肯大孔院的 Beechwood 学区小学汉语教学点

拓展新的汉语教学点，紧密与州教育部合作，努力向当地中学和高中发展汉语项目。肯大孔院计划到 2020 年，发展 50 个学校的下属教学点，建立 10～12 个下属孔子课堂，惠及学生人数 25 000 人左右。

然而在修华静院长看来，较之项目规模，良好的教学环境、有保障的教学质量与及时且有效的教学评估更为重要。为此，肯大孔院专门设立了中小学汉语项目协调员岗位，负责管理和推广孔子学院中小学汉语教学项目，并建立了教师自我评估、教学点校长评估、孔子学院评估的教师考评体系。同时，肯大孔院主动出击，加强与州教育部、中小学校长及当地教师的合作与沟通，提高他们对汉语教学项目的了解和支持。肯大孔院每年都会召开汉语项目发展校长论坛，邀请有意愿申请汉语教学项目的中小学校长参加，请已建立汉语项目的校长们介绍经验，互通有无，从而扩大汉语项目在当地的影响力。此外，肯大孔院还率先面向当地中小学教师开展社会科学与艺术专业培训，旨在为肯塔基州培养一批悦纳中国、支持汉语项目的本土教师。

修华静院长为美国本土教师讲解中华诗书画艺术

自 2014 年 10 月起，肯大孔院与州教育部、肯大亚洲中心、教育学院及肯大教育政策与评估部等单位，联合举办了面向当地中小学社会科学课程教师的中国研究课程专业培训。2016 年 4 月，又开设了面向艺术教师的国画与书法课程专业培训。至今，先后已有近 50 名中小学教师参加了培训。

肯大孔院的师资培训一直走在前列，修华静院长本人的中国艺术专业和她十几年的汉语项目教学和领导经验使得肯大孔院在教师培训方面得天独厚。每学期，肯大孔院为本校的老师培训 8～10 次，目前参加过培训

肯大孔院每年承办志愿者老师岗中培训

的达到 2 000 人次。为此,肯大孔院成为国家汉办志愿者处赴美志愿者岗中培训的培训中心之一,每年为志愿者老师提供岗中培训,截至 2016 年,已经培训志愿者老师 470 余人。

为社区提供资源服务

如何能使孔子学院更好地融入当地社区?如何让孔院成为肯塔基州的中国语言、艺术、文化展示和教育中心?这是肯大孔院面临的又一波严峻的问题。肯塔基州教育部项目主管 Wayne Stevens 先生指出:"由于历史原因,肯塔基东部地区平均 65% 的学生家庭都生活在贫困之中,他们很少有机会走出肯塔基,而学校中白人的比例又高达 95% 以上,很少有机会体验不同的文化。州教育部一直在致力于创造更多的机会让这些孩子也能拓宽视野,了解外面的世界,体验多样的文化。"针对肯塔基州的情况,修华静院长主张,孔子学院的汉语项目和文化推广活动应当做到因地制宜地"两条腿走路"。一方面,针对条件成熟的学校和社区,积极地开展汉语项目,在中小学中建立牢固的汉语语言和文化教学体系,最大限度地拓宽孔子学院社区课的受众范围,并利用春节、中秋、孔子学院日等契机组织丰富多样的文艺演出及中国文化体验活动,帮助当地民众了解和感受中国文化。2016 年,肯大孔院在肯塔基州莱克星敦歌剧院、市立图书馆、儿童博物馆、阿斯伯里大学、特伦西瓦伦西大学、当地中小学、莱克星敦全球中心先后为当地民众奉献了 349 场中国文化艺术盛宴,参与者累计 52 790 余人次。

孔院教师带领学员表演扇子舞

孔院教师展示中国茶艺

2017 年,肯大孔院计划利用肯大在肯塔基州 120 个郡县设立大学办公室的渠道,有重点地挑选一些人口较多的地区,继续开展中国文化体验活动,扩大孔子学院的影响力。另一方面,针对部分不具备条件设立下属教学点的偏远地区,孔子学院组织教师前往当地,提供为期一周的中国文化体验项目,从而有效地加深他们对中国文化的了解,更好地为中美文化的交融打好坚实的基础。2015年10月、2016年4月和2016年10月,肯大孔院的中国文化下乡团队先后三次赴东肯塔基州亚什兰地区授课,覆盖当地中小学生共计2000余人。一位校长告诉我们:"孔子学院团队来授课的那一天,学校达到了有史以来最高的出勤率。"这些活动使得孔子学院在当地的影响力逐步提升。

肯大孔院中国文化下乡团到Morgan县中学演出和示范

修华静院长接受当地电视台采访

肯大孔院和下属汉语项目中小学开始频频出现在大学新闻媒体UKNow及当地社区新闻媒体的新闻报道中。仅以2016年为例,肯大孔院就获得了20多次新闻报道,下属教学点学校也获得当地报纸和新闻周刊20次以上的新闻报道。修华静院长本人也先后应邀担任肯塔基州世界贸易中心、莱克星敦商会和莱克星敦全球中心的理事,继续推动肯大孔院辐射当地社区和商界的影响力。

把控方向,以真情领航团队

都说"铁打的孔院,流水的教师",每年总是会有老教师离任,同样也会有新的教师赴任。目前肯大孔院共有公派教师34名,志愿者3名,是美国接收公派教师最多的孔子学院之一,作为这个团队的领导,如何协调好新老教师的交替问题,如何让肯大孔院的团队保持成长,一直以来都是修华静院长非常重视的工作之一。

认知角色，明确目标

作为肯大孔院的院长，修华静院长时刻在孔子学院的团队中扮演着人际关系、信息沟通与决策者的角色，每当团队里有新的教师到来时，她也时刻要求他们首先要明确自己在这个团队中的角色。她对汉语教师的要求是能够独立、创新思考，工作和项目要做到细致、细节、细化，且质量第一，在实践中摸爬滚打，在美国练就干练的工作本领，日后离任也可带回国内，应用到自己将来的工作上，在肯大孔院的工作中得到成长和锻炼。

目前肯大孔院的工作，以教师的职责来划分的话，大体上可以分为孔子学院本部教师和地方中小学教师两个团队。孔子学院本部的教师主要以艺术课程教师为主，配合孔子学院开展各种文化、艺术活动，促进中美文化的交流与发展。地方中小学教师主要分布在肯塔基州地区的各个中小学，教授中文课程，推动汉语在美国的发展。针对在本部工作的教师，到任后孔子学院会有明确的分工表，以便各教师明确工作职责，每周也会定时地举行例会，提前准备各项活动事宜。孔子学院的每项活动都会有专门的活动负责人，负责带领整个团队在各项活动中开展工作。针对在地方工作的中小学教师，6年来，孔子学院始终坚持开展为期一周的新教师岗前教育和每学年8～10次的业务培训，以便教师们更好地交流教学经验。有了明确的工作职责和目标，每位教师都能够在各自的岗位上各司其职，也使得肯大孔院的每一位教师在面对自己的工作时都能明确知道自己的工作职责，做起项目来，井然有序、共同协作，也使整个团队的教师们合理分工，各尽其才。

勤于学习，善于总结

肯大孔院教师队伍的不断壮大与进步，离不开团队里每一位教师的辛勤工作，更离不开整个团队对于每次活动结束后的认真总结。本部的教师们在每次活动后，都会在例会中进行认真的回顾与总结，对发现的问题进行及时的调整。作为这个团队的管理者，修华静院长也经常鼓励教师们提出问题，大家互相取长补短，共同进步。即将离任的教师也会认真地为即将赴任的教师写好工作总结，提醒新教师在工作中所需注意的各种事项，确保新教师赴任后可以顺利地适应孔子学院的各项工作的正常进行。此外，肯大孔院还设立了信息共享的公共平台，每次活动结束后，活动的负责人会把此次活动的所有资料上传到平台，以供其他教师参阅，也为后续到任的教师提供强有力的信息支援。一个强调学习、善于总结的团队，必然是进步最快的团队，肯大孔院也正是在一次次的总结中摸索经验，不断思考，不断创新，不断进步。

创造快乐，建立信任

在异国他乡工作，对于每位教师来讲，并不是一件容易的事情，怎么样让团队里的教师在异乡找到归属感，快乐地工作，也是修华静院长时常关注的一个问题。她总是在大家生日的时候，送上惊喜与问候；感恩节的时候邀请老师们来家中聚餐；在学期末举行感谢派

每年感恩节修华静院长都把孔子学院的汉语老师请到自己家里过感恩节

对；春节时更是将大家聚集到一起，让每位老师能在肯大孔院找到家的归属感，为他们在异国他乡的教学生活尽可能地创造快乐，也让大家在这样的活动中彼此建立信任，和谐、有效地沟通，增强教师们的自信心，激发他们的行动力，使大家长久地保持积极、乐观、向上的工作状态，打造肯大孔院教师队伍的凝聚力、向心力、归宿感、认同感。除此之外，修华静院长也从不吝啬赞美之词，同时尊重每一位教师，经常鼓励和表扬在活动中表现出色的教师们，保持着肯大孔院教师团队的活力与向上的精神，孔子学院的教师们常说："我们是分则独挡一面，合则威力无敌无比的精英团队。"修华静院长以她的人格魅力和忘我的工作精神感染着孔子学院每一位老师，每当孔子学院组织重大中国文化推广活动或承担大型师资培训活动时，孔子学院每一位中外方教师都能自觉服从孔院的安排，在各自分工的岗位上恪守职责，相互补位，整个肯大孔院团队就像是一台性能优良、功能多样且人性化的机器，互相协作，和衷共济。

修华静院长的领导方式是任人唯贤，相信员工都能做好工作，给予大家足够的机会去展示自己的能力和才

2017年肯大孔院全体教师及家属全家福

华，让大家放手大胆地做事，出了错误总结经验，继续前行，对孔子学院人人都有责任感和主人翁精神。她的这种领导方式让无论是远在 2 小时之外的教学点的教师还是在身边工作的孔子学院总部的教师都感到他们是孔子学院最重要的一员。所有任期满的教师都申请了延长，希望能够继续为孔子学院的工作和辉煌再多贡献一年，这对于远离自己祖国和亲人两年以上的教师来说，特别不易。特别是远在山区的教师们，有的教师从刚到时委屈地说"在这个地方，我看见的鹿比人还多"，到融入所在的学校并和社区打成一片，到最后工作任期结束以后还要求能够延期一年继续工作。这些教师从中国的大城市到美国的偏远山区，生活枯燥，没有娱乐，但是，他们从自己的工作成就中找到了自己的价值，体验到了汉语教师传播中国文化的满足。这些都与有效的领导和修华静院长的贴心关怀分不开。

不忘初心，时刻守护孔院事业

修华静院长热爱孔子学院事业，不仅为之付出她的精力和才干，而且为整个孔子学院事业在美国的发展和遇到的挑战默默地奉献她的智慧和策略。她所关心的不仅仅是自己领导的肯大孔院的成败，而是整个孔子学院事业的成败。为此，当孔子学院事业在美国遇到困难之时她总是挺身而出，用她多年来对美国政界和文化的深刻了解和她的智慧和策略来扭转局势。在 2012 年 5 月 17 日，美国国务院突然向各个大学发出警告通报，批评大学给孔子学院公派教师发放的 J–1 签证是错误的，并勒令所有孔子学院申请资质，送回所有公派教师，纠正错误签证。一时间，人心惶惶，在美的 500 多名汉语教师面临着被赶回国的局面，美国全国教学点的学校面临着因汉语老师被迫离境而瘫痪。签证风波事发后，修华静院长在美国孔子学院院长中第一个站出来向记者澄清情况，并很有策略地提醒美国记者，孔子学院设在大学中，大学有了资质，为什么在大学里面的孔子学院还要资质？她机智地引导美国记者向发出通告的美国国务院进行采访，提出问题。美国记者就此向国务院进行了采访，国务院的官员当场被问倒。自此之后，国务院的态度有了明显的改变，不再要求汉语老师回国纠正签证，也不再提及孔子学院申请资质之事，事态有了明显的转变。不仅如此，修华静院长还提议大学校长和中小学给州议员写信，支持孔子学院。事实证明，修华静院长及时地与记者沟通和通过记者对国务院提问等一系列的策略，有效地帮助孔子学院总部挽回了美国孔子学院不利的局面。

国务院的警告通报虽然得到了有效的控制，但是，各个大学给孔子学院在中小学教学的汉语教师发放的签证确实是错误的，应该如何纠正这一错误，使得中小学的汉语教师能够拿到合法的签证是摆在面前的又一大挑战，因为，中小学教师 J-1 签证是要向国务院申请签发授权的，而这个申请过程至少要一年的时间，而且不一定能拿下来。远水解不了近渴，修华静院长拿出那种不接受"No"的精神，反复和国务院商谈，并把州教育部、肯大 J-1 办公室和国务院的人聚到一起，反复召开电话会议，终于使事情有了转机：国务院和肯塔基州教育部同意肯塔基州教育部为肯塔基大学孔子学院的中小学教师发放中小学教师 J-1 签证。目前，肯塔基大学孔子学院是极少数能拿到州教育部的中小学教师 J-1 签证的孔子学院之一。肯塔基州的孔子学院每年新教师和替换的教师数目达到 20 多名，都能顺利及时地拿到符合他们身份的合法的中小学教师 J-1 签证。

为了整个孔子学院的健康发展，修华静院长不仅在孔子学院危难关键时刻献策献力，而且在具体汉语教学方面无私地分享自己的教学经验。她领导的肯大孔院在师资培训方面富有经验，引领世界孔子学院师资培训，是美国的孔子学院中第一个成功地举办志愿者老师岗中培训的孔子学院。但是，她不只是顾自己的孔子学院，她也亲自到中国各地为要奔赴全世界的汉语教师和志愿者培训，为的是所有孔子学院的汉语教学都能成功和可持续地发展。

修华静院长在中国艺术史上很有研究，她利用自己在艺术史方面的知识，创出了一条把汉语和中国文化有效地融入美国教学大纲中的"融入教学法"。她在波士顿创办了美国东海岸第一个成功的汉语项目，8 年来积攒了宝贵的汉语教学技巧。她被国家汉办列为汉语教学培训专家库成员，为吉林大学、南开大学、北京语言大学、北京师范大学、华东师范大学等国家汉办培训基地进行汉语教师和志愿者教师培训工作。每次培训，修华静院长要来回于这些培训点当中，非常辛苦。她精力充沛地为教师们讲解，每次一讲就是 3~4 个小时。几年来，经她培训的汉语教师和志愿者教师达到 3 000 多人。她的培训在学员的无记名调查中获得了 100% 的满意度。作为优秀孔子学院的院长，修华静院长还被邀请到国内对中方院长进行培训，每次她都是有求必应。尽管这意味着她自己的工作量要增加很多，但是，为了让老师们和院长们能够在到岗前有更多的方法和增加自信心，她不惜牺牲自己的时间,因为这是她在乎的、愿意守护的事业。

结语

　　2017年2月,美国政治局势摇摆不定,反移民的白宫通告一浪接着一浪,大家为孔子学院着实捏着一把汗。但是,修华静院长对于孔子学院的发展与未来抱有十足的信心。一方面,她做好了应对突发事件的预案,准备兵来将挡,用事实捍卫孔子学院;另一方面,她着眼于未来孔子学院的发展,计划带领工作指导小组制订肯大孔院的下个5年的战略发展计划。下个5年的肯大孔院会加大在融入大学、领军全州中小学汉语项目和社区服务方面的工作力度,同时,发展和扩大孔子学院在肯塔基州以及中国商务中的领导地位,加大力度支持大学作为政府赠予地旗舰大学在120个郡县中的项目,争取把中国文化带到肯塔基州120个郡县的每一个角落!

　　2017年5月,国务院参事、国家汉办主任、孔子学院总部总干事许琳主任访问了肯大孔院,她在给肯大校长的信中这样评价修华静院长和她领导的肯塔基大学示范孔子学院:"华静院长无疑是中美文化方面的专家。更重要的是,她对两国人民都有着深厚的感情。基于这份爱,她能够在中美两国的跨文化交流中作出如此杰出的贡献也就不足为奇了。我深信,即将投入使用的

修华静院长和许琳主任在新建的肯塔基大学示范孔子学院新办公楼合影

示范孔子学院新址定会在肯塔基大学的校园国际化中发挥重要作用。它不仅将在美国孔子学院中独树一帜,同时也将成为全世界孔子学院的标杆和旗舰!"

选择 挑战 担当

薛荷仙

华南理工大学外国语学院副教授。2014年至今，担任美国爱达荷大学孔子学院中方院长。

爱达荷大学孔子学院是华南理工大学与美国爱达荷大学合作共建的孔子学院，坐落在美国爱达荷州的莫斯科市（City of Moscow），2013年4月揭牌成立。我于2014年9月赴爱达荷大学孔子学院担任第二任中方院长。在孔子学院三年的工作经历，使我越来越感到，来孔子学院工作是我人生又一次正确的选择，能为实现国家赋予孔子学院的神圣使命而奋斗我感到非常荣幸。我履行了应尽的社会责任，体现了大学教师的历史担当，得到了难得的人生启迪。可谓是感悟良多，收获颇丰。

选择与担当

孔子学院是中外文明交流互鉴的"架桥人"，是世界认识中国，中国与各国深化友谊与合作的重要窗口。从《孔子学院章程》的规定可以看出，孔子学院承载着向世界推广汉语、传播中国文化，增进世界对中国的了解，发展中国与其他国家的友好关系，进而推动构建和谐世界进程的使命。孔子学院的具体教学工作包括：面向学校及社会各界人士开展汉语教学；提供汉语教学与研究资源；开展汉语教师培训及汉语考试；提供中国教育、经济文化等信息咨询；开展双向语言文化交流活动。孔子学院工作意义之重大、覆盖面之广泛、复杂程度之深不言而喻。年过五十的我，已不是"梦在远方"的幻想年龄，更多的是坦然与淡然地面对生活与工作的心态。由于所学专业的缘故，在大学及研究生阶段，我已把"跨文化交际""公共外交"理论熟记于心。30 年的英语教学实践也始终围绕着培养学生的"跨文化交际"语言运用能力。多年"跨文化交际"理论的学习与课堂教学经验使我萌生了报名加入孔子学院队伍的想法。孔子学院的"中外合作运行机制"表明孔子学院不仅是中国的，也是世界的。作为一名高校英语教师，职业生涯中能为祖国的教育事业做点贡献，又能为世界的文明互鉴与和平发展出点力，义不容辞，责无旁贷，也深感荣幸。

多类别、跨区域汉语教学和管理带来的挑战

开展汉语教学是孔子学院的日常任务之一。开办之初，我们孔子学院只是给大学生讲授汉语学分课。但在工作中我们发现，仅在大学层面讲授汉语课，受众面是非常有限的。假如一个学生在小学、中学和高中阶段都没有机会接触到汉语，大学阶段繁重的学习与研究任务会使这个学生没有信心和勇气选修汉语课。只有在小学和中学阶段提供汉语教学，大学阶段学习汉语的人数才有可能增加。

随着工作的开展，我们孔子学院的汉语课程已经延伸到幼儿园、小学、中学及社区。这样一来，虽然学习汉语的人数增长了，覆盖面也广了，但教学管理的难度也随之增加了。孔子学院新教师到岗后，我们会针对"如何管理美国大、中、小学外语课堂"进行培训，同时也对教学大纲与教案的编写、教材与教具的选用做出具体的规定。管理细节决定成败。教学管理的常规性方案制定和执行都不难，但是在异域文化背景下一些具体的、特殊的场合，让我倍感细节之重要。

每逢节日，我们的教师带应节食品到学校与教师和学生分享是常有的事情。可是，在爱达荷州的孩子和成年人中，有些人对花生甚至花生的气味过敏；有些人对含有小麦面筋的食物过敏。以此为出发点，我们孔子学院制定了《汉语教学若干辅助准则》：①与学生或本土教师分享食物时要先告诉对方食物中含有的原料成分；②不要在教学邮件中谈论教学以外的事情；③学生的成绩和学生的 ID 号码，以及电话号码不能敞开放在办公桌上。

我们知道，幼儿园孩子们的注意力只能集中 10～15 分钟，此后就开始进入钻桌子和爬椅子的活跃时段了。这个时段小孩子的安全教育也成了

我们教师备课内容中不可或缺的一部分。我本人不具体担任幼儿汉语课的授课任务，但是这个活跃时段带给我的压力不知不觉地加重了我的"安全强迫症"。与工作相关的各方面安全事项我都投入十二分的关注，因此周围的同事给我起了个昵称——"安全强迫症患者"。

爱达荷大学孔子学院下设的教学点分布在爱达荷州南北两端，南端教学点和北端教学点之间的行车距离达14个小时。网络新媒体的便利使每周二下午1小时的微信视频行政教学例会得以顺利进行。

学龄前汉语课一角

周五晚上也成了我和伙伴们通过微信音频或视频解决"教学困难"的幸福时刻。我也常常被老师们的"犟劲"和创意所感动。

多样性的文化推广活动带来的挑战

以汉语教学作为平台，以文化推广作为支撑。孔子学院的文化活动就是让更多的美国人民感知一个真诚、和谐、友善的中国，增强他们对中国的认同感。每月的"中国经济、历史与文化讲坛""中国电影之夜"和"品美食、学汉语工作坊"以及例行的"全球孔子学院日""中秋晚会""中国新春晚会"是我们孔子学

每周一次的汉语角活动

院自己主办的系列文化活动。文化推广活动的内容和种类相对来说容易确定。但是，在西方文化氛围内，用什么样的方式"讲好中国故事"是我花费大量时间和精力思考与摸索的问题："什么样的方式能够吸引更多的参与者？""什么样的方式能够留住参与者？""什么样的方式能够让参与者感

到舒适并乐于接受中国文化?"为了给上述问题找到解决方案,我积极主动参与大学校园和所在社区的文化活动。了解利于沟通,沟通利于合作。文化推广需要融入与合作,我们孔子学院就常常以参与者的身份加入本地区的大中小型文化活动中,让中国文化元素成为当地社区多元文化的一个亮点。

中国食品享誉天下。人们是不会拒绝品尝美食的。沿着这个思路,我们孔子学院每月的"品美食、学汉语工作坊"就应运而生了。该作坊的运作方式是通过指导美国大学师生和社区朋友学做中国家常菜的过程,培养他们学习汉语的兴趣。我们的规则是:参与者要想品尝当晚的美食,需要学会当晚美食及原料涉及的词汇,例如"我爱吃""我喜欢吃""我想吃""我不喜欢吃""饺子""包子"

向社区民众宣讲孔子学院语言文化项目

"炒面""馒头""白菜""葱""猪肉""牛肉""火锅""鸡蛋""炒饭""筷子"等。利用这种方式,活动参与者既品尝了典型的中国家常菜,也学会了如何制作完成这些菜,更重要的是还基本掌握了如何用汉语说这些家常菜的菜名和原料名。每次活动后参与者总是带着收获的喜悦,高高兴兴地离开。

品美食、学汉语工作坊

该美食工作坊虽然是收费项目,但是每次都是人数爆满。这种入乡随俗的文化推广活动已经成为我们孔子学院的一张文化名片。当然,闪亮的名片背后是我们孔子学院教师和志愿者们的汗水和泪水。因为每次美食工作坊活动需要事先准备好大概45人的饭菜,其中涉及买菜、洗菜、切菜、做菜,还有厨火安全、食品卫生监控、过敏物排除以及后期的卫生清洁、厨具归档。每次活动结束时,我和我的伙伴们常常不知道该如何迈开脚走路,其中的劳累无法言表。同时,还要非常感谢我们孔子学院家属们的义务奉献。真可谓,一人在孔子学院工作,全家是孔子学院的"义务兵"。

多重岗位角色的挑战

孔子学院的首要工作是大学、中学、小学层面的汉语教学,其次是到岗教师的培训、师资安排、教材选用、教学大纲编写、教学过程的监督与评估、HSK 考试管理等等。这些教学管理工作需要中方院长是一位"资深汉语教师和教务员"。孔子学院日常各类文化推广活动(学术讲座、文艺演出、美食工作坊)的选址、宣传海报的内容与形式的确定、服装道具的配置以及文化活动后的新闻报道编写等这些工作的完成,需要中方院长是一位"文化宣传员"。国家汉办约有 20 个职能部处,孔子学院的日常管理需要与之频繁联系沟通的部门多达 12 个。我的工作职责需要及时了解国家汉办的政策和法规以及语言教学和文化推广项目的相关规定。与国家汉办相关部门的沟通与协调并把信息传递给所在孔子学院员工的这些工作的完成,需要中方院长成为一名"信息联络员"。

加强爱达荷大学和华南理工大学校级交流以及各学院之间的交流与合作也是孔子学院工作的一部分。日常工作中,我花费大量时间去了解华南理工大学和爱达荷大学这两所大学以及两边相关院系的特点以及各自的优势,因为,只有对两边的优势与

"中国语言文化体验夏令营"学员参观孔子学院总部

短板有充分的了解和掌握,才能承担起文化桥梁的作用。一座"过往车次和行人多"的文化桥梁,需要中方院长是一位合格的"公共外交专员"。

为了让美国学生能体验中国文化,了解发展中的中国,2015 年暑期,爱达荷大学孔子学院组织并由我和吕剑虹老师带队的 20 名高中生和大学生来到中国北京和广州参加"中国语言文化体验夏令营"。20 名营员与广州

市西关外国语学校的高中生代表就数学和英语两个科目的学习方法以及课余个人兴趣爱好的培养与发展进行了面对面的交流。

"美国中小学校长教育之旅"的校长们与上海洋泾实验小学师生交流

为了让爱达荷州各级教育专家支持汉语教学项目的推广，2016年春季我们孔子学院组织并由我带队的12位中小学校长来到中国上海和广州进行教育访问。在上海洋泾实验小学，校长们对该校开设的系列"生存课程""个性发展课程"产生了浓厚的兴趣。在华南理工大学附属中小学、中山市中山纪念中学，12位校长观摩了数学课、物理课、化学课、语文课及英语课，并对三所学校教师们授课的基本功、学生们丰富的课堂表现力以及教师们对新媒体技术的运用称赞不已，并一致认为中国的教育和过去相比不可同日而语，国际化、现代化的趋势不可阻挡。本次教育之旅结束时，一名参团成员向我表达了她的想法，她希望我能帮助她实现一个愿望：她希望日后能有机会到上海或广州一所小学进行长期交流或任教，并希望她在美国所从教的小学能与中国小学进行全方位交流与合作。通过"中国语言文化夏令营"和"美国中小学校长教育之旅"活动，美国爱达荷州的高中生、大学生和中小学校长对中国的教育发展有了亲身的感受和真实的了解，进而消除了先前的误解。想到这些，因为两周的临时"教育导游"工作而带来的疲惫感不知不觉地消失了。

与汉语教学和文化推广相关的日常行政管理是中方院长的基本工作之一。不同文化背景的合作者之间，在工作中出现分歧是不可避免的。解决好分歧不仅需要谦让，还需要智慧。华南理工大学朱敏副校长对我赴岗前和岗中的多次叮嘱，使我能够从容地处理工作中意见相左的局面。每个在岗的教师和志愿者是从国内的不同单位来到爱达荷大学孔子学院工作的，在异域文化背景下，每个教师和志愿者的个性特征越发鲜明地表现出来。如何建设好团队，如何让团队能在跨文化背景下得体与高效地运作？在许多次的困惑中，我会拿起电话向安然院长和刘程院长请求指导与帮助。安院长"作为中方院长要与孔子学院其他教师和志愿者辛苦工作同承担，荣誉与收获共分享"的话语一直提醒着我，并帮助我形成了"爱达荷大学孔子学院所有员工共同准备、各负其责、同心合作、一起收获"的管理理念与风格。刘程院长的中方院长日志《行走英伦——孔子学院中方院长日志》成为我身心疲惫与茫然时必喝的"精神咖啡"。

爱达荷大学孔子学院行政办公例会

爱达荷大学孔子学院中心教学点成员

收获与升华

一分耕耘一分收获。我和我的伙伴们不畏困难、全力工作与默默付出换来了爱达荷大学孔子学院的稳步与快速发展：汉语课程学习人数在逐年增长；辐射区域在逐渐扩大；文化活动的影响力在逐步受到更多人的认可。每逢中国春节，所在社区就会有外国朋友送来鲜花、贺卡或甜点，向我们祝贺新年。走在莫斯科市小镇上或超市里，我会被学生、教授或社区朋友认出，他们用很认真的口吻对我说："我喜欢你们孔子学院的活动。""谢谢你！你让我们认识到汉语不像传言说的那么难学。"有一位社区朋友不止一次对我说："孔子学院给我们提供了学习汉语的机会，让我们的孩子们和年轻人了解到了中国文化和中国的发展现状。你能否帮助我寻找个机会，让我们美国人为你们中国人做些什么，来回报你们的付出？""国之交在于民相亲"，孔子学院教师付出了汗水，收获了友情，增强了中美双边的理解。无论是求学阶段还是毕业的教师生涯，都是祖国和人民养育着我，给了我安静与和平的读书环境和保障有力的工作环境。一生中，有这么一段时间能为促进祖国与世界其他国家发展友好关系尽自己的绵薄之力，让我感到踏实与满足。

没有国家汉办和华南理工大学的支持，我们不可能信心满满地在异国他乡开展汉语教学和中国文化推广工作。离开孔子学院教师间的密切合作，我们孔子学院的各项工作不可能得以顺利开展。没有我爱人和孩子的理解与支持，我不会有这么从容的心态来安心工作。除了表示感谢与感激之情，我想对我的家人、国内的亲朋好友和同事们说："请原谅我这两年多暂时的'疏远'。我不曾忘记你们！正是你们'默默的理解与等待'给了我克服困难的信心与完成任期的勇气。等我任期届满，咱们广州相见。"

从你的全世界路过

张凤春

华南理工大学外国语学院副教授。2013—2017年担任英国兰卡斯特大学孔子学院中方院长。

引言

2017年1月22日中午11时27分,当我从卡莱尔(Carlisle)乘坐的火车徐徐驶入"兰卡斯特"站时,我下意识地要起身下车。这是我生活了近4年的地方,是我无数次到站回去的地方。可是这趟我不能下,因为要赶往位于黑池(Blackpool)下属的孔子课堂,与那里的老师们一起接待从东莞来的中小学生们。看着站牌从视野里逐渐消失,不禁怅然若失,突然想起了刘程院长"当他乡成为故乡"的诗句,心中倒是也欢悦了起来。是啊,与来时的我相比,我的变化太大!

2013年8月8日,我似乎选择了一个极好的日子登上了飞往曼彻斯特的航班,开始了兰卡斯特大学孔子学院中方院长为期4年的征程。与所有中方院长一样,从荣获这个称号开始,"使命"和"责任"四个大字便牢记心中,从未懈怠。

兰卡斯特大学孔子学院(以下简称"兰卡孔院")是在孔子学院总部/国家汉办的领导下,由华南理工大学和兰卡斯特大学共建,也是华南理工大学在海外建立的首家孔子学院。它于2011年12月20日揭牌。首任中方院长是有着丰富孔子学院工作经验的刘程教授,从他手中接过这面大旗,我心中不免忐忑。临行前,在华南理工大学国际教育学院的会议室,刚离任的刘院长与我办理交接手续,他耐心地解答了我预先准备的10多个问题。当日，雷雨交加，驱走了不少暑热，与他告别时，滂沱的大雨停了，我的心情亦如雨后的天气，淡定了不少。

我到任前，兰卡斯特大学孔子学院已经建设了近 2 年，它从无到有，在大学和教学点的各项汉语推广工作已经

兰卡斯特大学孔子学院大楼 (round house)

开展起来，运营良好。那么，如何把兰卡孔院发展壮大，保持其蒸蒸日上的势头？如何不负使命，履行总部和华南理工大学交付的责任？这都是我踏进兰卡孔院那一刻起，每天都要努力完成的任务。

在新的水域游弋

2012 年夏季，孔子学院总部首次把军训纳入中方院长的培训项目里，我和同批中方院长候选人一起体验了为期一周的军营生活。现在想来，觉得总部领导的军训安排是何等的英明！军人高度的使命感、自律意识、自我牺牲精神都通过军训让过惯了大学自由生活的我们着着实实地领悟到了。现在回想起来，那一周的军训还真是个小 case。

华南理工大学在孔子学院中方院长公开招聘广告上明确了兰卡孔院候选人的条件："须热爱汉语国际教育和孔子学院事业，遵守中国和驻在国法律，了解驻在国国情，熟练运用驻在国语言或英语；熟悉汉语教学工作；具有合格的领导力、跨文化交际能力和执行力；掌握网络、多媒体应用技术。"我怀揣着学校的信任来到兰卡孔院，但仍觉得尚在不断调整和提升自我的过程中。

每个来到新环境的人都是一个独特文化的载体，对于我们这些从遥远东方来到英国的人来说，这种文化的差异感受更觉突出。如果将文化比作水，我们便是生长其中的鱼儿，文化滋养着我们的时候，我们浑然不觉它的存在。来到英国工作后，我们每个人都有在新的水域生存的感觉。在中方派来工作的这个团队里，我必须是游得最好的那一位。面对浩如烟海的

中国文化书籍和汉语教材，一面感叹自己犹如白丁，一面以最高的效率充实与提升自己，我要带领大家用对方听得懂的语言、适合的方式，帮助当地人民了解中国文化，学习汉语，加强中英在学术、商务、艺术等文化领域的交流。

2015年12月的全球孔子学院大会期间，许琳主任特地腾出2个小时的时间，给中方院长开了个小会，在会上她要求我们在工作岗位上要有"三气"：志气、贵气和骨气。培养这"三气"的确是在这片水域里自由生存的本领。仅就贵气而言，我们要有自信与自制，要有深厚文化底蕴的气质修养。

参加首届《唱响英伦》活动

4年来我分别与两位优秀的外方院长（肖忠华和沈伟）合作。配合默契、奋进不息、履艰度险、开疆扩土是我们共事的主旋律。现任外方院长沈伟与我合作最长，他以大格局和强魄力见长，为兰卡孔院向高大上的方向发展作出了不可替代的贡献。在我们的共同努力下，这些年里，团队人员增至20人，成为英格兰西北地区孔子学院中队伍最壮大的一家孔子学院。我们实现了以下目标：汉语与文化推广范围遍及兰开夏郡（Lancashire）西部、北部和肯布里亚郡（Cumbria），兰卡孔院成为所在地区唯一一家汉语水平考试中心和培训基地，下设了2所孔子课堂、9个教学点。本部和孔子课堂的教学已经融入了所在大学和小学的人才培养体系，每学期注册学员近2000人，且呈逐年递增的趋势，不断为国内重点大学输送优秀的奖学金获得者深造汉语，组织学生参加主流汉语比赛并获得良好的成绩，连续4年组织大学生赴华夏令营，每年举办各种文化活动30～40场，每年媒体报道40～50次。在目前英国29家孔子学院中，我们的孔子学院的成绩引人瞩目。

如今，我和我们团队每一位成员都可以骄傲地向世人宣示，我们已成为这片水域里泳姿较好的游弋者。

在常态的静穆中醒悟

兰卡孔院坐落在英格兰西北部的历史名城兰卡斯特郊外的兰卡斯特大学校园里。无论是这座城市，还是大学周边，恰如郁达夫笔下的东梓关：恬静、悠闲、安然、自足。大学简约的现代建筑被大片的绿草地、丛林所环绕。相距4.83公里之外的市区拥有5万多人口，该城市的风貌可从其名字的由来窥见一斑。兰卡斯特是以"兰（Lan）"和"卡斯特（castre）"两个词组成，"兰"字是取名自河流吕讷河（River Lune），"卡斯特"由古英语词汇"cæster"演变而成，意为"罗马人的城堡"。兰卡斯特字面意思为"吕讷河上的罗马城堡"。可以追溯到罗马时期的那座城堡矗立在城市的中心，吕讷河畔及市区其他地方的建筑大都古老沧桑。因此，对于游览该市和大学的游客来说，兰卡斯特是一个具有历史的厚重、自然的宁静、现代的生机的地方。

兰卡斯特城堡

但是，我们生活其中，厚重的历史感和宁静的田园生活未必总是那么美好。华灯尚未亮起，店门已紧闭，行人寥寥。忙碌一天的我们，无从找到惯常的方式放空自己。孤独与静谧共为常态，生活仿佛归零了。没有亲人，没有熟悉的环境；有过慌张和无助，有过迫切回到祖国的冲动，有过怀疑自己当初决定的时刻。记得曾经读过这样一句话："世界的本质，是你自己陪着自己度过。"来这儿，我深深地领悟到了世界的这一本质。在静谧的时空里被孤独吞噬过后，发现独行的灵魂有了足够的空间。在静穆里，我听见了我们兰卡斯特大学孔子学院人的声音，听见了我们孔子学院日渐壮大的队伍迅疾且坚定前行的脚步声。

兰卡斯特大学在英国排名前10，华南理工大学隶属教育部直属重点大学。我们是由两家强强联手的大学建立起来的孔子学院，作为这个团队中方的领头人，我必须披上铠甲，与队友们一起向既定的远大目标奋力拼搏。4年来，我迎来了13位国家汉办教师、12位志愿者和1位海外志愿者，送走了6位国家汉办教师和7位志愿者。在给每一个新员工做入职谈话时，我总是要把我这番掏心窝子的话告诉他们：从踏上这块土地开始，要牢记"不忘初心，不断进步"。我们是促进多元文化相互交流和谐发展的践行者，工作本质就是消除陌生，争取认同，加强合作，是从事一个促进两国人民的友谊和世界长久的和平的伟大事业。

被这崇高的信念鼓舞着，日子变得光明起来，一年比一年忙。一切都变了，又仿佛一切都没有变。我恍然大悟，自己存在于这个世界的价值，原来是为了让这灵性的生命磨砺出灿烂的光辉。正是担任中方院长的岗位给予了我这个机会。

盛大的遇见

有人说，人生是一场遇见。相信来兰卡孔院工作过的人都会认为，在这儿是一场盛大的遇见，无论是一年还是四年。我第一次到英国，出了机场珺熠和淑慧接上了我，而她俩在我到后一周就离任了。那机场相见的一幕以及她俩与刘洋、Colette帮助我安顿下来的情景已经镌刻在记忆中了。来我们孔子学院工作的国家汉办志愿者大多是在读的大学生或者刚毕业的硕士生，工作时间为期

端午节，兰卡孔院人一起包粽子

10～12个月；国家汉办老师都是国内大学（绝大多数与我一样来自华南理工大学）有经验的在职教师，工作期限2年。我们大家都以兰卡孔院人为荣，珍惜在一起工作的缘分。我们一起闲煮时光，做饭、包饺子、下馆子、远足、旅游；我们还一起备课、听课、分享教学经验。我们的笑点变低了，一起的时光总是被笑声点缀着。周丹的笑声最有感染力，机灵、认真和聪明的她，被"逼"得成了我们孔子学院本部需要什么能力，她就可以拿得出来的志愿者。当然，她不能取代罗国旺的贡献。小罗是以慢性子"闻名"的特长志愿者，是我们孔院的"李小龙"，他也兼做行政工作和笔

2016年8月兰卡孔院部分人员欢送志愿者李嘉欣

头上的工作，而且速度一点也不慢。

兰卡孔院及其下属孔子课堂和教学点分布在"湖区"附近，湖区是英国拥有最美自然生态环境的一个著名景点，周边的居民过着闲适和不太富裕的生活，距离最近的大城市（例如曼彻斯特）坐火车起码要花上1个小时。林语堂曾经说过："世界大同的理想生活，就是住在英国的乡村。"虽然这是玩笑之语，但是也引发了无数旅人对于英国乡村生活的憧憬。每每有游客造访我们孔子学院，我也会推广一下当地的旅游文化：世界最美的乡村在英国，英格兰北部最美的乡村在兰开夏郡西北部和肯布里亚郡。我的这一番介绍总会收获听者一脸羡慕的表情，因为我们身居在美景之中。我们工作和生活的地方以白人居多、人口稀少且交通不发达，时光在这儿仿佛停滞了。

初到时的新奇好感过后，停滞的光阴偶尔会让我们感到恍如在这里过了一辈子。与我共事（过）的团队成员里有28位国家汉办老师和志愿者、4位外方行政人员。无论是在本部还是在下设的孔子课堂、教学点，我们大家都是一起欢呼，相互温暖，相互鼓励。我与守着这个铁打营盘的经理Colette建立了深厚的战友情和姐妹情。我还得到了中国驻曼彻斯特领事馆孙大立总领事、教育组王盈参赞和潘俊领事的大力支持，在兰卡孔院"一辈子"很长，幸好有他们在身边。

曾听过一句话：当你的内心感到孤独时，你无法温暖别人。可是这一说法，并不适用于我们的孔子学院团队。从国内派来的我们都是流水的兵，在一定程度上都是远离家乡来到这里，为了这份神圣的事业打拼，我们的内心里充满着激情。在这块异乡的土地上，我们的背影是孤独的，但我们前进的目光是执着的。就连随任的孩子们都是我们孔子学院的义务志愿者，懂事地支持着他们的母亲尽职地工作。

来英国的中国人无一人会忘却中国的饭菜。于是，每一个人都成了"中国好厨子"。就连一点都不会做饭的雪莲，来后一年半竟然能做出一桌好菜，请各路人马在她公寓里聚餐。负责兰卡斯特太极教学的张雷老师也时常张罗大家到他的家里吃饭，排骨炖东北酸菜是我们的最爱。我们每一位的厨房里佐料齐全，有人还学会了烤蛋糕。如果要求每人带来一样吃的，必定是中餐西餐齐出现。我也成了擅长厨艺的中方院长，不仅在做美食活动时，做上好菜奉上，还教大学厨师长做中餐，为他编写中餐烹饪食谱，协助他在我们2017年举办的"中英商务晚宴"上大显身手。

团队员工和志愿者合影

第一家下属孔子课堂的第一批建设者合影

奋不顾身地爱

有句话说，"人生中至少要有一次奋不顾身的爱情"。我觉得自己就是与兰卡孔院谈了这样的一场恋爱。四年来，我每天在办公室一落座，其他什么都放下，工作占据了我在英国大部分的时间和精力。年迈的母亲在2014年夏天中风，这些年她的身体日渐衰弱，父亲因为受到了母亲一病不起的打击，精气神儿也大不如前。姐姐和弟弟在家照顾着他们。在每年回家短暂的停留期间，我虽然倾尽所有力气去照顾他们，但还是无法给予我应有的关怀。都说女儿是父母的贴心小棉袄，可我连件为他们抗击初冬寒冷的贴心棉背心都算不上。离开时间越久，我越感内疚，钻心的疼越强烈。

我这间不到10平方米的办公室有股神秘的魔力。在这里，我处理大量的工作邮件，制定活动方案，写预算和财务报告，规划全年度的汉语水平考试，接待八方来客，与新入职的员工谈话，开中层会议，培训"汉语桥"比赛选手，推荐孔子学院奖学金申请者，编写教材，备课，与下属课堂和教学点团队开网络会议，与国家汉办欧洲处、汉考中心和华工孔院办进行网络办公……我把最好的笑容给了孔子学院。

记得当年国家汉办选拔考试做心理测试时,我画了一棵茂盛的大树,现在想起,深觉自己原来颇有勇气。与其他所有中方院长一样,我并不是"含着金勺子"走出国门的。和外方一起带领这支团队进行汉语教学和文化推广,我自己就应该是专家,是引导者和推动者,抱着一切皆可能的信念,鼓着打通关的胆量,努力让东方文化在这里扎根。我们每个人在出发前都经过了国家汉办严格的选拔和高强度的培训。来到这里才发现,无论我们准备得如何充分,都仿佛一直在路上,从文化知识到教学方法的储备一如我们带来的行李,并不足够。

在每次新员工入职的谈话和后续的培训中,我会分享"一切必须归零"的意识。对于我们来进行汉语与中国文化推广的工作者来说,这并不是一个理想的地方,出行不便利,我们必须走出去,主动接触社会各阶层,为这个较为封闭的地方打开一扇观赏到东方灿烂花园的窗口。我们每个人都要成为中国故事的讲述者,我们每个人都必须是专业的,同时在方式上又必须实现本土化。这里的师生关系有着深厚的本土文化的背景,在课上和课后,老师并不能以占有知识的制高点自居;这里的教学管理在风格上不同于国内大学和中小学,我们无论如何纠结,都要先适应。学生是礼貌的,但也不乏这里的学生独有的问题现象,我们的老师和志愿者也必须接受现实和找出对策。中国文化是博大精深的,但我们要摸索出最佳的讲述方法来让当地人明白和认同。除此之外,老师们还要把开发学生思维、教书育人当作义不容辞的责任来完成。我必须身先士卒,把事情做好,把话说到位。

这里的人大部分是文明和友好的,这里的大学和我们下属孔子课堂及教学点的外方负责人是认可和支持我们工作的,我的团队成员始终是团结向上的。我有来自华南理工大学国际教育学院、外国语学院和体育学院的优秀老师,我有来自国内诸多大学的志愿者积极奋斗,我有王恒、石英、阮熙春、李婧、黄中辉和张庆红老

2016年团队成员与驻曼彻斯特总领馆领导及画家在画展上合影

师分布在下属孔子课堂和教学点尽责地协助管理，他们与我一起，将各个小分队经营得具备很强的行动力。

纪伯伦在 *On Work* 的诗中说：Work is love made visible. 这句话有很多种译法。我最钟爱的译法是：工作是一种有形可见的爱。孔子学院中方院长的工作是一份充满着快乐、欢呼、沮丧、难过、不解、快速有成就感的工作，让我每天迎着朝阳满血复活地开始一天的生活。

茶好不好看在其次，重要的是，从茶里品出甘苦香醇之味。有了在这里工作的经历，相信我自此可以生活得从容，且有底气。

最后，我要对所有听我讲过中国故事的人说，我从你的世界路过，我在终点等你。

> 从你的全世界路过，
> 把全盛的我奉献，
> 生旦净末丑都扮演，
> 发出一声惊叹；
> 在短暂的永恒中转身，
> 我心满而意足。

孔子学院故事系列

"双龙"文化的交汇

张丽英

中国政法大学国际教育学院教授、院长。2012—2014年担任英国班戈大学孔子学院首任中方院长。

英国班戈大学孔子学院（以下简称"班戈孔院"）由中国政法大学与英国班戈大学共同主办，受政法大学的委派，我于2012年9月至2014年9月任该孔院的中方院长。孔子学院是中外文化交流的桥梁，既传播中国文化，又强调与当地文化的交汇。

设计"双龙标志"和"双龙系列"活动

中国崇尚龙文化，虽然龙在西方是"魔鬼"的象征，但在班戈孔院所在的威尔士，却与中国一样崇尚龙文化。班戈孔院中外院长都强调"双龙"的概念，强调两地文化的双向交流。为此，我作为第一任中方院长，利用自己曾经学过设计的优势，完成了"双龙"的标志设计。该设计采用了中国政法大学和班戈大学相近的"红"色作为标准色，以中国龙与威尔士龙相对交流为造型，中间是地球。"双龙"标志原本打算请威尔士当地的艺术家设计，但设计成本较高。我身为中文院长，自然不会索要设计费，且作为由政法大学派出的院长，认为必须要走商标注册的法律程序，在我任期结束后，在下任中方院长的支持下，我完成了将该商标无偿转让给班戈孔院的法律手续。2016年6月30日，班戈孔院英方院长大卫发来喜讯，班戈孔院的双龙标志成功获得英国商标注册批准。这应当也是全球第一个进行了商标注册的孔子学院的标志。为了进一步推广"双龙"的品牌，我还设计了一系列"双龙"纪念品，作为孔子学院文化活动的礼品，在文化推广活动中使用。

班戈孔院"双龙"标志设计

商标注册许可文件

班戈孔子学院的"双龙"纪念品

双龙标志设计完成后，班戈孔院有计划地进行了品牌的推广，并在各类孔子学院的宣传品、办公用品、纪念品上统一使用。在周边建立了长期的传播中国文化和交流威尔士文化的"双龙俱乐部"。在国家汉办的建议下，班戈孔院在网站上推出"双龙沙龙"，并先后推出了"双龙系列"活动，包括：双龙吟——威尔士与中国的音乐对话；双龙研——阅读中国，翻译威尔士文学研讨会；双龙颂——中威诗歌朗诵会；双龙腾——北威尔士风筝节；双龙聚——中英植物研讨会；双龙辩——中英法律研讨会；双龙舞——中国书法与西方即兴舞工作坊等。

威尔士音乐节期间，在孔子学院的努力下，我们组织了中国民乐音乐会，音乐会也是"双龙系列"活动的一部分。为了扩大中国音乐的影响，我向组委会提出了在世界文化遗产的坎大风城堡举行中国音乐会的请求，经过谈判、多方沟通，最后这个请求得以实现。4月24日恰逢复活节期间，造访坎大风城堡的人员也比较多，音乐会的间隙，我们还向前来参观古堡同时观看中国民乐音乐会的观众们介绍了中国的二胡、扬琴、琵琶、笛子、古筝等乐器。

"双龙系列"活动："双龙吟——威尔士与中国的音乐对话"活动的主创人员和嘉宾合影

为了让没来现场的当地民众也有机会倾听中国民族音乐，当时我们还提出了一个请求，就是要求当地的电视台能转播这次中国民乐音乐会。同样经过多方沟通，威尔士当地电视台在音乐会期间全程进行了录制和采访并在当天的黄金时间播出节目。

"双龙系列"活动："双龙音乐会"演员与组织方合影

"双龙系列"中国民乐音乐会成功在世界文化遗产的坎大风城堡举行，威尔士当地电视台为音乐会进行了转播

为了纪录和宣传我们孔子学院的活动，我把上大学前学来的设计、排版等技能发挥得淋漓尽致，编辑、设计、排版了我们自己的杂志——《班

戈孔子学院简报》，杂志在我们市场推广的工作上起到了很大的作用。英国当地人常说，一张画等于 1000 个字，我们在介绍孔子学院的有关活动时，先展示简报的杂志，那么，后面需要谈的内容就会变得很顺利。为了办好我们的简报，我要求老师和志愿者们在每次活动完都写报道，老师李妍、高静，志愿者余萌、金希、李志慧在文字上做了很多的贡献，为了使文字更地道，大卫、Vicky 会进行一定的润色和加工。我在任期间，两年共出了 32 期简报，到后来一个月就会出两期。杂志每期约 10 页，为了环保，我们一般不印刷，对外发送的都是电子版杂志。

班戈孔子学院简报

重操旧业，绘画"双龙阁"

大卫一直想把孔院的墙画成有中国特色的，但这会花很多的钱，我一开始并没有太支持。他去请了当地的艺术家，果然，艺术家光测量了一下，就说要 500 英镑，那画完壁画还不得好几万英镑呀？这笔钱预算里也没有涉及，根本不可能执行。可看到大卫这么渴望能有一个画成中国特色的体验室，我也在想，我快离开孔子学院了，能留下点什么呢？看来重操旧业画一个体验室是一个好主意，小时候我学了 10 多年的油画，现在决定给孔院留下永久的纪念，画一个中国风格的文化体验室。在我将要离开孔院的一个月里，便开始了画壁画的工作。因为我画壁画是免费的，只需要支付颜料的费用，以及两名威尔士当地学生的劳务费，因此，在经费上是完全没有问题的。

张丽英院长为孔院文化体验室画桂林山水

张丽英院长为班戈孔院文化体验室画茶馆

　　工作就由我带领 Parc menai 学院美术专业预科二年级的 David Carter 和 Stacey Stewart 一起完成。我简单设计了一下壁画的内容，主要是为了将来搞活动方便，壁画由四个部分组成，主体部分是一个茶馆，是近景，孔子学院的一些表演，诸如京剧等各类说唱项目将在这里进行；第二个部分是桂林山水，是远景，可以让观看表演的人同时能看到桂林山水的美景；第三个部分是安徽西递宏村，以照顾将来搞有关中国南方文化活动的需要；第四个场景是长城，以备在各类活动中作为中国文化的象征。正面不用画，装饰成中国古典风格，以免全部是画会显得不够厚重。

　　绘画活动在 7 月 28 日开始，David 主要负责西递宏村部分，Stacey 主要负责长城部分，我主要负责桂林山水和茶馆的主要部分，他们俩再画一些次要部分。这时的大学已放假了，大学里静静的，我和两位当地学生开

"米开朗琪罗小组"合影

始画画，他们开始的风格有点涂鸦，当回头看到我画的桂林山水时，他们决定把画完的东西用白色盖上，重新画了，因为他们原来画的东西过于简单了。我们经过了一周的努力，完成了壁画。画完的体验室很受当地人的欢迎，我们被戏称为"米开朗琪罗小组"。

为了省钱，又能风格统一，我又对现有的门、讲台进行了改造。中国留学生朱磊帮了很多的忙。我把讲台画成了中国古代的箱子，把纸箱画成了小木椅，把门画成了中国的大宅门，朱磊则进行填充和修理的基础工作。

校长约翰·休斯教授为"双龙阁"揭牌

大卫给体验室起了英文名"Two Dragons Pavilion"，中文名叫什么？用什么来表现"pavilion"？大家进行了激烈的讨论，最后多才多艺的志愿者余萌建议叫"双龙阁"，这个名字得到了大家的一致认可。"双龙阁"完成后，大卫高兴得不得了，每次来客都要进行展示，谈判工作也在双龙阁进行。在我离任前，大卫专门邀请大学校长约翰·休斯教授为"双龙阁"揭牌。还邀请了曾经在方方面面支持过孔子学院工作的朋友们过来，场面十分让人感动。校长讲话后，志愿者金希为大家表演京剧，因为以中国的壁画为背景，表演立刻提高了几个档次，加上金希从5岁就开始学习的京剧功底，赢得在场所有人的热烈掌声。

用生命换来中英植物学文化交流的索菲博士

索菲·威廉姆斯（Sophie Williams）是班戈大学环境、自然资源与地理学院（the School of Environment, Natural Resources and Geography）的老师。2013年9月的一个中午，这位梳着墩布头的瘦小女子来到了孔子学院，先是问这里有什么中文课，我自然很热情地接待她。聊着聊着发现她在中国的西双版纳工作过，似乎是每年都得去，我俩越聊越投机，索菲谈到了个想法，就是在北威尔士最大的植物园Treborth植物园建中国花园。考虑到英国人酷爱花园，花园也是一个重要的社交场所，搞一个中国花园，对扩大中国文化的影响有非常重要的意义。我迅速对此建议做出了积极的反应，并马上走访了 Treborth 植物园，一边参观植物园，一边与园长 Nigel Brown 就中国花园进行了进一步的探讨。

索菲对中国的感情不是一天两天的，多年来，

在 Treborth 植物园合影（左一是园长，左二是一位志愿者，右一是索菲，右二是张丽英院长）

她一直参与由 British Council（英国文化教育协会）支持的西双版纳植物园的项目，每年都会有一段时间待在中国的西双版纳植物园。她对中国植物有较深入的研究。Treborth 植物园也是班戈大学植物学的教学基地，建设中国花园，一方面能使酷爱花园的北威尔士民众多了一个了解中国的窗口；另一方面，也是对班戈大学植物学教育的一个支持。中国花园项目最终得到 British Council 等多家组织、伦敦和爱丁堡的中国植物专家的支持，我和大卫则作为该项目中国文化和元素的顾问。

在中国花园研讨会上，讨论该花园的元素

2014 年 4 月 4 日，一场别开生面的中国植物演讲会在北威尔士最大的植物园 Treborth 植物园展开了。该活动是中国花园项目的预热，由孔子学院和环境、自然资源与地理学院共同举办。演讲会向来自社区的植物爱好者们讲述了中国植物的特点、西双版纳植物园项目、Treborth 植物园建设中国花园的计划等。演讲会由索菲主持，第一位讲说者讲了中国植物的分布与特点。索菲则主要向大家介绍了其参与的西双版纳项目。之后，中国花园的设计者 Sam 讲了他有关中国花园的设计想法，他的设计主要侧重于植物本身。对此，我提出了自己的看法，如果中国花园只有植物，没有其他园林方面的设计，则很难一下感觉出来是中国花园，建议加入一些石山（考虑到北威尔士板岩资源丰富）、供休

息的石桌石椅、竹桶小水系、小竹亭、小竹桥、竹门等花钱不多但非常容易感觉出中国特色的元素，Sam 对此表示认可，并愿意在中国花园的设计上与孔子学院密切合作。大卫也讲了他对中国花园的想法。之后，大家又对中国花园的选址进行了实地考察，以便在设计上更切合实际。之后，中国花

当时的执行院长大卫在中国花园研讨会上发言

园项目又推出了一系列活动，包括中国植物展、中国花园展、涉及中国花园的比赛、中国植物研讨会、双龙腾风筝节等一系列活动。

2014 年 9 月我任期届满回国，2015 年的一天，我从班戈大学驻京代表 Luna 的微信里看到一则好消息，2015 年"马什国际植物园教育奖"（Marsh Award for Education）颁奖仪式在英国爱丁堡皇家植物园举行，中科院西双版纳热带植物园（XTBG）综合保护中心博士后、班戈大学环保学讲师索菲·威廉姆斯博士获奖。同时又看到了令人揪心的消息，此次颁奖仪式，索菲博士虽人在英国，但由于之前在工作期间感染了乙型脑炎，当时正处于治疗阶段，未能亲临现场领奖。看到这个消息，我马上联系了在英国的姣姣和 Luna，她们说，索菲在西双版纳做花园的项目交流时，被蚊子叮了，得了乙型脑炎，当时就神志不清，快不行了，经泰国转机送回了英国。虽然已经醒了，但医生说她失去了记忆，很长时间都没脱离危险。

一年过去了，在 2016 年 12 月 2 日，我从班戈微信平台上的班戈大学新闻精选中又看到了她的消息，消息是关于班戈 Treborth 植物园中国花园剪彩仪式的，称索菲极力推动中国园区的顺利完成，尽管之前她在工作期间感染了乙型脑炎且目前还处于治疗休养中，但她还是参加了中国园区的剪彩仪式。看来她基本恢复了，但新闻的照片用的是以前我熟悉的照片，并不是这次她参加活动的样子，于是我又是一通打听，从 Luna 那里得知，索菲恢复得比预想得好！让我们祝福她——这位将生命贡献给中英植物学交流的学者。

为"中国花园"预热组织的植物园双龙腾风筝节太火了,造成了当地的交通堵塞,索菲博士临时担任起了交通疏导员

永远的朋友、威尔士的友人们

两年的时间很快过去了,快走了,感觉还有很多的事情没有做,那阵子感觉同事们也有点神神秘秘的,经常一堆人不知在说什么,可我一到,大家都散了,我当时心里多少有一些不舒服,大家在做什么呢?好像不想让我知道?在班戈大学的送别宴上,谜底揭晓了,校长把一本画册送给了我,那是在大卫的主导下,由孔子学院的市场主管Vicky和老师、志愿者们一起给我做的画册,那本画册让我激动得眼泪快掉下来了,一边听一边不停地惊叹"喔——喔——喔——",因为太令人感动了。画册记录了我在班戈孔院的点点滴滴,而且还进行了编辑。画册的名字叫 *A Woman for All Seasons*,副标题是:*A Celebration of Her Contribution as First Chinese Director of the Confucius Institute at Bangor University*,画册分为12个部分:

1. A Song of Tomorrow(明天之歌);
2. Tireless Teacher of all Ages(不知疲倦为老中青少教学的老师);
3. Professor and Educator(教授和教育家);
4. Innovator(创新者。这部分涉及画中国文化体验室一事);
5. Artist and Photographer(艺术家和摄影师);
6. Cultural Eclectic(文化的兼收并蓄);
7. Martial Artist and Dancer(武术家和舞蹈家);
8. Ambassador(文化大使);
9. Intrepid "Summer Camper"(夏令营的先锋);

10. Journalist（记者。此部分涉及我编辑、排版、制作的32期简报）；

11. The Team at Bangor CI（班戈孔院团队，团队成员包括时任院长石巍博士、时任执行院长David Joyner、行政主管Lina Davitt、市场协调官Vicky Washington、汉语老师李妍和高静、志愿者余萌、金希、李志慧，感谢我们优秀的团队两年来的支持）；

12. A Final Word from Chairman of the Advisory Board（顾问委员会主席的话）。

画册来自大卫的主意，又由英方市场人员编辑，至少说明了大家对本人工作的认可。看到精心制作的画册，两年来的酸甜苦辣一下就烟消云散了。直到现在，每每拿出这本画册，甚是思念在威尔士的那些日子。在送别的日子里，送别的活动很是密集，不能忘记大卫安排的一系列送别活动；一直帮助我们各类经济与环境活动的索文，专门安排了威尔士观日落之旅，他的父亲还专门送我了一个手工制作的威尔士茶壶；麦克安排的与社区朋友的告别聚会……回来后，由于工作，大卫几乎每年都会来中国，为中英文化的交流忙碌，我们成了永远的朋友。

在班戈大学的送别宴上合影

和孔子学院的同事们惜别

索文的父亲赠送他做的威尔士手工茶壶

孟加拉湾的印记

周铭东

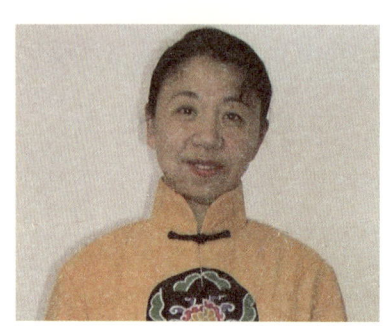

云南大学国际学院副教授，2009—2014年，担任孟加拉国南北大学孔子学院中方院长；2016年至今，担任孟加拉国达卡大学孔子学院首任中方院长。

《世界上最远的距离》这首诗几乎无人不晓，但世界上最长的国歌《金色的孟加拉》就跟这个南亚较小的国家一样鲜为人知。而这两个作品都是出自著名印度籍孟加拉诗人泰戈尔的笔下。在《金色的孟加拉》这首诗里，泰戈尔深情地描述了孟加拉国如画的美丽并抒发了孟加拉国人民对祖国母亲的无限热爱。

7年前我踏上了这片土地。几年的时间飞逝而过，回首经历的点点滴滴，就像在这片金色土地上的一个个故事、一首首歌曲，把平凡的日子连了起来，集成了一个个孟加拉湾的印记。

印记1　孟加拉国的第一天

那是2009年9月3日。我还没有完成"黄埔军校"（孔子学院中方院长培训）第一期学员的培训，因工作需要，用"高价"签到了第一次孟加拉国的签证，就这样启程了。虽然这不是我第一次出国，可还是有些茫然和莫名的紧张。试想着即将发生的一切，飞机上，依着我的习惯，对着飞机外面拍了几张照片作为旅途记录。之后，不由地回想着"黄埔一期"的日子来：在大兴，被选为代表与大家交流着在泰南动乱地区的汉语教学经历；学打我从不喜欢打的太极直到入了迷；体能训练中体会团队精神的力量；课后的乒乓球"刻苦训练"（其实是娱乐）……不知不觉中，两个小时过去了,飞机着陆了。

机场外,我的前任院长蒋印莲教授和一个孟加拉人(后来才知道他是学院在当地聘用的秘书)已经等候在那里了。我像个听话的孩子,跟在蒋老师后面上了车。初到一个地方的陌生和新鲜的感觉完全没有后来日子里饱尝的那种塞车的"滋味儿",似乎人还在梦中,而孟加拉国第一所私立大学则已矗立在我的眼前。

与外方院长和前任院长合影(2009年)

我刚从车里钻出来站在地上的那一刻,突然感觉脚下有种不正常的触感。当我一迈步,才知道我的名牌鞋底脱胶了。我只好满头大汗地一寸寸往前蹭着。抬头发现,蒋老师早走到前面离我一大截了。此时她转过身发现我几乎没动,问我怎么了。我告诉她我的鞋出了问题。她不假思索地说:"你就干脆把鞋底扯了吧!"(就这件小事可以看到蒋老师处理事情的果断,值吾一学。)对啊,真是"高招儿"。于是我迅速把脱了胶的鞋底一扯,"赤脚"拜见了南北大学校长西迪基先生。西迪基先生是一位孟加拉国知名学者,也是学识渊博、和蔼慈祥的老人(后来他把我称作他的女儿)。2005年他与国家汉办许琳主任正式签下了合作协议,与云南大学合作,在南北大学成立了南亚第一所孔子学院,使南北大学成为第一批建立孔子学院的外方合作院校之一。接着,我见到了很"肩头(gentle)"的南北大学英语教授伊利亚斯先生,这就是后来共同合作了近5年的外方院长。我们的合作非常默契,我从他的身上学到了很多东西,我们还成了很好的朋友。随后,蒋老师把学院其他的本土兼职工作人员马哈布、阿明、阿布等,跟学院所有的家当一起介绍和"交代"给了我。随后,在我的提议下,外方院长、蒋老师和我一起合了影。这张照片便成了我在孟加拉国的第一天写下的"日记"。也就从那一刻起,我"赤脚"上阵,开始了孟加拉国孔子学院的历程;也就从那一刻起,更加感受到祖国赋予我的重任和使命是光荣而艰巨的。更加认识到我们不光是汉语教师,也是一名"民间大使",是以一名中国普通教师的身份展示和塑造着中国和中国人的形象。

印记 2　在孟加拉国的第一个春天

到南北大学孔子学院后几个月里，我渐渐地熟悉了周围的一切，也基本熟悉了南北大学孔子学院的日常管理工作。南北大学孔子学院的两个主线任务之一就是文化活动的开展。在汉语教学的同时，如何通过开展文化活动，介绍和传播中国博大精深的优秀文化，这是一个孔子学院管理者必须认真思考的问题。2010年3月，我们迎来了云南省大学生艺术团。在他们到来之前，我们整整筹划和准备了将近一个月的时间。通过这次活动，我体会到一个中资公司老总跟我说的这样一句话："来到孟加拉国工作，有性子的人会磨得没性子了，而没性子的人会变得有性子了。"实际的体会过而甚之。

我想，孟加拉人也许是气候的原因，都是温吞吞的性子。你急他不急，急也没用。还有就是他们的等级很分明，什么样的人干什么样的事情。就我们看来顺手就做了的（尤其是我什么都喜欢自己动手做），他们（阿明、阿布）一定跑来告诉你这事情让他们来做。可是说完，等你再找他们时就找不到了，所以一切都得靠自己。好在外方院长是个很认真的人，他给了我很多很多帮助。这次演出在南北大学还是头一回，他严肃地对我说不能有任何闪失，因为他知道那些孟加拉工人的"个性"，就是要说着训着才能把事情做好。有两件小事让我很感动：一是，演出的头天，到深夜了，台子还没有搭好，我正着急，伊利亚斯先生出现在我的面前，他一一询问着布置场地的情况，并向他们提出严格的要求，还自己在搭好的舞台上一块块、一步步地试着检查着。他转过头微笑着安慰我说："Mindy, don't worry. Everything will be fine. We would succeed." 我的眼睛湿润了。二是，这次活动中，彰显了我们这个小小团队的团结协作精神和年轻的志愿者年身上透出的优秀品质。

这次演出非常成功，也获得了很大反响。从此，南北大学里师生们主要谈论的话题就是：中国的大学生真棒！演出实在是太精彩了！中国的音乐真美！这次演出充分展示了中国优秀的文化。每每听到这些赞叹，我的心里甜滋滋的，之前所有的苦、累、"不爽"和"闹心"都跑得无影无踪了。

那次活动后，我在空间里写下这样一篇日志：

梦在春天放飞——"中国之春"活动有感（2010-03-13 22:54）

11日的"中国之春"活动已过去两天了。

然而，那台上台下同时沸腾并同唱"中孟友谊地久天长"的场面仍在眼前晃动……外方院长走上台来，中国大使馆文化参赞走上台来，可爱的中学生们跑上台来，所有在场的孔子学院的师生们都拥到台上，顿时台上台下欢呼雀跃起来……多么激动人心的场面啊！

春，预示着新的开端；

春，承托着新的希望；

春，放飞着新的梦想！

孔子学院是中国的，更是世界的！

汉语语言是中国的，更是世界的！

这次活动之后，我们不但将其列为每年的常态项目来开展，而且还创立了以"中国之窗"为主题的"中国春""中国日""中国月"等系列活动。活动中，我们以中国—南亚文化论坛、魅力中国图片展、编排关于中国传统习俗的小品等多种形式宣传和介绍中国文化。中国驻孟加拉国

在"中国日"上与外方院长同台主持

前任大使张宪一在首场文化论坛上发表题为《中孟交往的历史与传说》的演讲。他以中孟交往的历史为主线，介绍了2400年前起源于中国先秦时期的南方丝绸之路，文明间的互动，印度佛教对中国文化的影响，航海技术的发展对中孟交往的贡献，以及近、现代中孟友好交往的传统，从宏观上勾勒出一幅中孟文化交流的历史画卷。

印记3　一道靓丽的中国风景线

2011年的春天，孟加拉国南北大学孔子学院迎来了第一批来自云南大学作为汉语教师志愿者的10名实习生，她们都是年轻的女研究生。她们在当地的言行举止给中国树立了良好的形象并带去了生命力，被当地人称为一道靓丽的中国风景线。除了汉语教学外，她们的身影无处不在：孟加拉

的国际语言日里有她们的孔雀舞和中国古筝弹奏；接待高层访问的礼仪小姐是她们担任的"角色"，似乎都是经过专业训练的一样；孟加拉的大型文化活动中她们是不可缺少的组织者和参加者。她们的到来，给南北大学孔子学院带来了新的生机。

她们在南北大学孔子学院得到了多方面的锻炼。她们长大了，她们会自己照顾自己了，她们会做饭了，她们会笑着面对和克服恶劣的环境给她们带来的种种困难。同时，她们也使我慢慢学会如何去理解她们和怎样与她们相处，也学会用别人能够接受的方式去爱别人、爱她们，也进一步明白怎样才能当好这些孩子的"家长"、朋友、"闺蜜"和"boss"。

在孟加拉经历了许许多多以后，我深深体会到：只要一切从心，什么都能克服，什么都能战胜，什么都可以做到做好。

印记 4　一件难忘的事

孟加拉人热情友好，乐于助人是他们的一大优点，也是最让我感动的一点。一次，我要坐 rickshaw（人力车）去一个地方。说到 rickshaw，这是跟我们中国的自行车一样多的外出常用交通工具。只是不是你自己骑它，是别人"替"你骑。这是孟加拉的一大景观。我指手画脚地比划着解释和说明，可是那个车夫怎么也搞不明白，这时我和车夫周围聚起一群人，从他们的眼睛里可以猜到，他们很想知道发生了什么和可否为我做点什么。突然，人群里走出一个人来，用英语询问我是怎么回事，我把情况和那个要去的地点告诉了他。他很快就用孟加拉语解释并告诉了那个车夫该怎么做，车夫一下就明白地应道："Ti ka cei.（孟语：好的，知道了。）"我感动地对那个男子说："Thank you."。可那个男子像是什么都没发生一样微笑着，淡淡地答道："You're welcome."。

写在"印记"后的几句话

2013 年，当我收到一封《我们曾经走过》文集撰写倡议书时，顿时心潮起伏，激情飞扬，即刻回复并表示一定要写。可是，孔子学院的事务缠身，写写停停、停停写写一直不能完稿。越是这样越是不能理出个头绪来。另外，要写的太多，不知从哪里写起；要说的太多，不知从哪里说起。几番折腾后，把所有写的半成品都废了。我索性搁下笔，不想再写了，可怎么也放不下这件事情。

一天傍晚，和往常一样，学院所有的人都走了，我走出我的办公室，不知为什么，没有急着马上回去，而是不自觉地走到每间自己和老师们一起装扮设置的教室、活动室，看着那一个个用国家汉办发来的、精美的旧日历做成解释茶艺、书法、京剧国粹等各个文化的解说图片；看着那一个个由我们精心设计的、自鸣得意并备受称赞的活动室的名称"香茗屋""音韵亭""迎宾阁""翰墨榭"；两位大使为我们设计的题字"东坊""熙悦""中国印象广场"；还有我和第一批实习生趴在地上一点点设计的实习基地的主题"明天会更美好"……摸着、看着、想着，马上就要离

在南北大学孔子学院工作的日子

开这个自己用尽全心"料理"着的（张大使曾夸我说"是在全心地经营着的"）"家"，心里有沉沉的不舍。

但是，当我看到孔子学院在达卡乃至孟加拉的影响力，看到越来越多的孟加拉人要求学习汉语，看到孔子学院为中孟两国间的相互交流所起到的桥梁作用，我感到莫大的幸福。这种幸福感不单单是看到了我为进一步增进中孟两国人民的友谊、为两国间筑建新的"丝绸之路"所贡献的微薄之力的成果，更大的幸福感是看到了孔子学院在孟加拉国掀起的汉语热潮，听到了孔子学院在孟加拉国乃至整个南亚的强力作用的回响。

参加第十一届孔子学院大会

这回响，将在孟加拉国这片金色的土地上奏出更美的交响乐章；这回响，将使更多孟加拉国人民听到中国发展的新乐章；这回响，将永远激荡在我的心中，激励着我为我热爱的汉语国际推广事业去奋斗，贡献我的毕生。